W0464652

Monika Wiedemann-Kaiser

Die Himmelsrutsche

EDITION OCTOPUS

EXLIBRIS

Monika Wiedemann-Kaiser

Die Himmelsrutsche

Geschichten von verlassenen Kindern,
die neue Eltern suchen

Illustrationen von Petra Krummacker

EDITION OCTOPUS

Für Herta und Horst,
die im gleichen Waisenhaus in Berlin-
Rummelsburg aufgewachsen sind,
sich aber erst 60 Jahre später
kennen und lieben gelernt haben.

„Man kann in der Wahl seiner Eltern
nicht vorsichtig genug sein“

PAUL WATZLAWIK, *Psychologe*

„Es geht im Leben
nicht darum,
gute Karten zu haben,
sondern
mit einem schlechten Blatt
ein gutes Spiel zu machen“

ROBERT LOUIS STEVENSON, *schottischer Schriftsteller*

Monika Wiedemann-Kaiser, »Die Himmelsrutsche«
© 2010 der vorliegenden Ausgabe: Edition Octopus im Verlagshaus Monsenstein und Vannerdat OHG Münster. www.edition-octopus.de
© 2010 Monika Wiedemann-Kaiser
Alle Rechte vorbehalten
www.himmelsrutsche.de
Satz: Matti Hausmann
Umschlaggestaltung: mtype|10
Illustrationen: Petra Krummacker
Druck und Einband: MV-Verlag

ISBN 978-3-86991-096-3

Inhaltsverzeichnis

Nachworte zu den Geschichten

Kim

Kim

Kim hat Sehnsucht

Kim saß auf ihrer Wolke neben der Himmelsrutsche und schaute sehnsüchtig hinab auf die Erde. Sie war ein Sternchen am Himmelszelt und sie wusste, dass all die Millionen Sterne hier oben irgendwann auf der Himmelsrutsche nach unten auf die Erde sausen und kleine Menschen werden würden. Auf der Erde sagte man „Kinder" zu den kleinen Menschen. Wann werde ich endlich auf der Erde sein und ein kleiner Mensch werden, dachte Kim sehnsüchtig.

Plötzlich spürte sie einen winzigen Lufthauch und jemand setzte sich neben sie auf ihre Wolke. Es war Schmetter-Ling, die kleine Elfe. Sie wirkte leicht und zart und hatte wunderbare, bernsteinfarbene Flügel, die mit schwarzen Punkten verziert waren.
Jedes Sternchen am Himmelszelt hatte eine Elfe, die

ganz allein für dieses Sternchen da war. Ihre Aufgabe war es, ihr Sternchen zu begleiten und zu beschützen, auch wenn es ein Menschenkind wurde. Die kleinen Elfen konnten alle fliegen, und das Beste war, sie hatten jederzeit Zutritt zum Himmelsbüro.

„*Hallo Schmetter-Ling*“, Kim guckte die kleine Elfe traurig an. „*Was hast Du?*“, wisperte Schmetter-Ling, „*du wirkst so …*“, hier überlegte Schmetter-Ling kurz, „*… sehnsüchtig?*“

„*Ach*“, antwortete Sternchen Kim, „*ich möchte so gerne auf die Welt rutschen und ein kleiner Mensch werden.*“

„*Ein Kind willst du werden, Kim? Warte nur, deine Zeit kommt bestimmt bald*“, wisperte Schmetter-Ling ihr liebevoll zu und flatterte davon.

Das Himmelsbüro

Im Himmelsbüro war wie immer ein heilloses Durcheinander. Kobolde, Zwerge, Feen und Elfen flatterten, flogen und rannten über die Wolken, jeder mit seiner Aufgabe betraut.

Schmetter-Ling flog in das Zimmer von Mutter Erde. Diese saß hinter ihrem großen, himmelblauen Schreibtisch und war gerade damit beschäftigt, dicke Bücher zu wälzen.

„Hallo Mutter Erde“, wisperte Schmetter-Ling und setzte sich frech auf eine aufgeschlagene Buchseite. Mutter Erde schob die Lesebrille auf die Stirn.
„Schmetter-Ling“, sagte sie, *„ich habe jetzt wirklich keine Zeit für Dich, ich sehe gerade die Elternbücher durch.“*
„Oh!“
Schmetter-Ling machte ehrfurchtsvoll einen Satz zur Seite. Elternbücher waren sehr ernstzunehmende Angelegenheiten, denn aus ihnen wurden die passenden Eltern für jedes einzelne Sternchen gesucht.
Mutter Erde seufzte.
„Ach, wenn es doch nur nicht so eine schwere Aufgabe wäre, die passenden Eltern für ein Sternchen zu finden.“
Das war für Schmetter-Ling genau das richtige Stichwort. *„Mutter Erde, ich war gerade an der Himmelsrutsche und habe mit Sternchen Kim gesprochen. Sie ist sehr sehnsüchtig.“*
Mutter Erde wusste sofort, was die Elfe meinte. Wurden die Sternchen erst einmal sehnsüchtig, war es höchste Zeit, passende Eltern für sie zu finden.
„Es ist also so weit“, antwortete sie, *„Kims Zeit ist gekommen. Aber ... “*
Mutter Erde machte eine lange Pause und sah Schmetter-Ling ernst an.

„Es ist immer schwer, die passenden Eltern zur richtigen Zeit zu finden."
Schmetter-Ling nickte heftig.
„Gerade für Kim. Sie ist so etwas", die Elfe zögerte, *„Besonderes. Kim ist ein sehr starkes Sternchen. Sie weiß nämlich immer genau, was sie will. Und das tut sie dann auch."*
Schmetter-Ling war schrecklich stolz auf seine Kim. Mutter Erde guckte streng. Aber nur ein ganz kleines bisschen.
„Schmetter-Ling, alle Sternchen sind etwas Besonderes."
Sie seufzte.
„Und sie brauchen ganz besondere Menscheneltern. Lass mir noch etwas Zeit für die Suche."
Schmetter-Ling nickte verständnisvoll und flatterte – schwupp - davon.

Kim darf rutschen

Die Zeit verging, Kim hatte ihre Sehnsucht schon fast wieder vergessen. Gerade spielte sie mit den anderen Sternchen Verstecken.
„Eins, zwei, drei, vier Eckstein, alles soll versteckt sein!", rief sie und zog los, um die anderen zu suchen.
Da kam Schmetter-Ling angeflattert und setzte sich auf einen von Kims Sternenzacken.

„Schmetter-Ling, lass das! Ich muss doch die andern Sternchen suchen!“
Kim guckte nach oben zu ihrer kleinen Elfe.
„Mutter Erde hat mich geschickt“, sagte Schmetter-Ling unbeeindruckt. *„Du sollst ins Himmelsbüro kommen.“*
Kim überlegte. Hatte sie etwas ausgefressen?

Im Himmelsbüro angekommen, ging Kim schnurstracks zu Mutter Erde, Schmetter-Ling flatterte aufgeregt um sie herum und Kim setzte sich erwartungsvoll auf einen der Sternenkinder-Stühle.
„Kim!“
Mutter Erde freute sich, sie zu sehen, aber sie wirkte auch ein wenig sorgenvoll.
„Ich weiß von Schmetter-Ling, du bist voller Sehnsucht und willst ein kleiner Mensch werden.“
Kim nickte aufgeregt. Sollte sie etwa endlich die Himmelsrutsche hinab sausen dürfen?
„Aber ... es ist nicht immer leicht, die passenden Eltern zur rechten Zeit zu finden.“
Kim konnte kaum sitzen bleiben, so ungeduldig war sie plötzlich.
„Ach, Mutter Erde, was soll schon schief gehen?“, fragte sie erstaunt.

Mutter Erde seufzte.

„So viel kann schief gehen auf der Erde. Die Menschen sind manchmal …“, sie verdrehte die Augen und suchte nach dem richtigen Wort. *„Sie sind seltsam. Ja, sagen wir, sie sind seltsam.“*

Kim verdrehte nun auch die Augen. Mutter Erde hob beschwichtigend die Hand.

„Aber, ich habe alle Elternbücher durchgesehen und ich glaube, ich habe jemanden für dich gefunden.“

Kim sprang auf und jubelte vor Freude. Schmetter-Ling flog dabei aufgeregt um sie herum.

„Warte, Kim!“, fuhr Mutter Erde beschwichtigend fort. *„Es gibt immer ein Zurück für dich, wenn auch nur für kurze Zeit.“* Kim stand sofort still, dreht sich zu Mutter Erde um und sah sie fragend an.

„Am Fuß der Himmelsrutsche, unten auf der Erde, gibt es die Klingel für verlorene Kinder. Wenn dir also dein Herz sagt, dass du dort nicht richtig bist, wo ich dich jetzt hinschicke, dann gehst du nachts um 12 Uhr 12 zur Himmelsrutsche und drückst den Knopf für verlassene Kinder. Ich komme dann und versuche, dir zu helfen.“

In Kims Freude mischte sich plötzlich ein bisschen Angst. So schlimm konnte es kommen?

„Kann Schmetter-Ling mich begleiten?", fragte sie.
„Aber natürlich!", antwortete Mutter Erde. *„Die Elfe bleibt immer dein persönlicher Begleiter, egal was passiert."*
Kim war erleichtert. Dann konnte nicht wirklich viel schief gehen - oder?
„Und nun ab mit euch beiden zur Himmelsrutsche!"
Mutter Erde gab Kim einen dicken Kuss und Schmetter-Ling einen vorsichtigen Nasenstüber, dann wandte sie sich wieder ihren Büchern zu.

Während sie zur Himmelsrutsche eilten, machte Kim Luftsprünge, und die kleine Elfe schlug wilde Flugpurzelbäume. Sie juchzten und winkten den anderen Sternchen und Elfen zum Abschied zu.
Dann rutschte Kim direkt in den Bauch ihrer Menschenmutter.

In Mamas Bauch

Es ist schön warm im Wasser und macht Spaß im Bauch getragen zu werden, dachte Kim. Aber manchmal war es auch schrecklich laut da draußen, denn die Frau, in deren Bauch sie war, zankte heftig mit jemandem, so ähnlich, wie sie sich immer mit den anderen Sternchen gezankt hatte, nur war das hier viel lauter und irgendwie hässlicher.

Wenn es Streit gab, dann schmeckte auch die Nahrung nicht mehr, die Kim im Bauch bekam, sie wurde bitter und scharf und Kim konnte nicht mehr richtig fühlen und denken. Ob es ihrer Mutter genau so ging? War das ein Gift, das sie nahm, um nicht mehr denken zu müssen? Kim fand es jedenfalls widerlich!
Aber wenn ich erst mal auf der Welt bin, wird es bestimmt anders, dachte sie, hielt sich mit ihren winzigen Fingern das Näschen zu und wurde auch schon mit aller Kraft nach draußen gedrückt.

Hier war alles ganz anders. Kein warmes Wasser, keine gemütliche Höhle. Kim fühlte sich schutzlos und fing an zu schreien.
Vera, ihre Menschenmutter, blickte Kim neugierig und auch gleichzeitig ängstlich an.
„Willkommen auf dieser Welt, Kim." Dabei strich Vera ihr leise über den Kopf. *„Hoffentlich klappt es besser mit uns beiden."*

Das andere Kind

„Weißt du, was sie damit gemeint hat, das mit dem besser klappen?“

Kim sah Schmetter-Ling fragend an, beide hatten es sich erstmal im Bettchen gemütlich gemacht, nachdem sie auf der Welt gelandet waren.

„Sie hatte schon mal ein Kind“, erwiderte Schmetter-Ling und flog auf Kims Nasenspitze, so dass sie schielen musste. *„Geh weg, das kitzelt!“*, lachte sie. Schmetter-Ling flog eine elegante Runde und setzte sich dann auf das Kissen zu Kim.

„Was heißt das?“, fragte sie nun ihre Elfe weiter, *„wo ist das Kind jetzt?“*

„Es lebt bei anderen Eltern. Vera konnte sich nicht genug um den kleinen Jungen kümmern.“

Kim wurde es ganz mulmig im Bauch.

„Meinst Du, sie kann es bei mir besser?“

„Das weiß ich nicht.“

Schmetter-Ling zuckte mit den Flügeln, rückte dabei ganz nah an Kim heran und sagte tröstend, *„aber ich bin ja bei dir und ich helfe dir.“*

Kim nickte und kuschelte sich in ihr Bettchen. Es wird schon alles gut gehen, dachte sie und schlief ein.

So hat sich Kim das nicht vorgestellt!

Kim war nun schon zwei Monate als kleiner Mensch auf der Welt. Aber es ging ihr gar nicht gut.

Sie hatte oft Hunger und wurde dünner und dünner, denn sie bekam nicht immer etwas zu essen. Die Windel kratzte und scheuerte, weil sie nicht gewechselt wurde. Die Haut darunter war schon ganz rot und rau. Kims Mama war oft sehr seltsam. Sie torkelte durch die Wohnung und verschlief den ganzen Tag. Abends ging sie weg und ließ Kim allein.

Kim fühlte sich einsam und verlassen in der dunklen Wohnung, aber wenn sie ihren Kummer hinausschrie, kam keiner, um sie zu trösten. Sie bekam Angst und schrie immer noch mehr.

„*Was ist mit meiner Mama los, warum kümmert sie sich nicht um mich?*“, fragte sie Schmetter-Ling.

„*Nun*“, antwortete die kleine Elfe, „*deine Mama ist selbst sehr unglücklich, dein Papa Gerd wollte dich nicht haben. Deswegen kommt er auch so selten, und nun droht er, dass er nie mehr wieder kommt. Sie geht dann abends weg, um ihn zu suchen.*“

Papa wird sehr böse

Kim dachte nach. Stimmt, immer wenn ihr Vater Gerd in die Wohnung kam, was ganz selten vorkam, stritten sich die beiden laut und hässlich, so wie es Kim schon im Bauch gehört hatte.

Aber dann eines Tages, während eines heftigen Streits, geschah etwas Fürchterliches. Ihr Papa nahm sie aus dem Bettchen, trug sie zum Fenster, machte es auf, hielt sie aus dem offenen Fenster und schrie in Richtung Mama Vera.

„Wenn du mir nicht sofort was zu essen machst, schmeiße ich deine Tochter aus dem Fenster!“

Er war sehr böse und wütend und drohte Vera mit der anderen Hand, in dem er die Faust in die Luft streckte.

Kim bekam einen Riesenschreck und starrte ihren Vater an. Würde er das wirklich machen? Sein Gesicht war ganz rot und er sah sehr, sehr böse aus. Vor lauter Angst zitterte sie am ganzen Körper und fing an, laut zu schreien.

„Aber es ist doch auch dein Kind“, stammelte Vera entsetzt und versuchte, ihn zu beruhigen. Dann nahm sie ihm Kim aus der Hand und legte sie wieder zurück ins Bettchen. Kim aber konnte sich nicht mehr beruhigen, sie zitterte weiter am ganzen Körper und schrie sich beinahe

die Seele aus dem Leib. Sie hatte so schreckliche Angst. Aber niemand kam und tröstete sie, ihre Eltern stritten weiter und vergaßen sie dabei. Dann klappte die Tür und Kim war wieder, wie so oft, ganz alleine in der großen dunklen Wohnung. Ihre Eltern gingen in die nächste Kneipe, um sich zu versöhnen.

Schmetter-Ling versuchte, Kim zu trösten. Aber sie ließ sich nicht mehr trösten, ihr ganzer Körper bebte. „*Ich habe solche Angst, Schmetter-Ling*“, schluchzte sie, „*und ich bin so traurig, meine Eltern wollen mich beide nicht, sie kümmern sich nur um sich selbst. Niemand auf der ganzen Welt hat mich lieb.*“
„*Es gibt ja noch die Klingel*“, wisperte Schmetter-Ling in Kims Ohr.

Die Klingel für verlassene Kinder

Stimmt, die Klingel! Kim hatte sie schon fast vergessen. Ob Mutter Erde ihr helfen konnte?
Aus ihrer Verzweiflung und Angst wurde Wut – und das war gut so.
„*So muss ich mich nicht behandeln lassen*“, sagte sie, und ballte ihre kleinen Hände zu Fäusten. „*Heute Nacht um 12 Uhr 12 machen wir uns auf den Weg zur Himmelsrutsche.*“

Schmetter-Ling freute sich, das war wieder sein starkes Sternchen, das er so bewunderte!

Mutter Erde kam polternd auf die Welt herunter gerutscht.
„Ja, hallo Kim und Schmetter-Ling“, rief sie. *„kann ich euch helfen?“*
Kim zog die Brauen zusammen und funkelte wütend mit den Augen. Sie verschränkte die Arme vor ihrer Brust.
„Da bleibe ich keine Sekunde länger! Ich muss hungern und frieren und niemand kümmert sich um mich!“
„Ach herrje“, antwortete Mutter Erde, *„das tut mir Leid. So geht es ja nun wirklich nicht.“*
Sie überlegte.
„Ich denke, dann waren diese Eltern zu diesem Zeitpunkt wohl ein Fehlgriff für dich.“ Sie schüttelte kummervoll den Kopf. *„Aber nun kommt beide mit hoch, mal sehen, wie ich helfen kann.“*
Gesagt, getan. Kim und Schmetter-Ling voran und Mutter Erde hinterdrein rutschten wieder nach oben – denn auf der Himmelsrutsche kann man das – direkt in das Himmelsbüro.

Der Rat der Weisen

Sofort wurde der Rat der Weisen zusammengetrommelt. Er bestand aus lauter erfahrenen Kobolden, Zwergen, Feen und Elfen. Alle setzten sich um den großen, runden sonnengelben Tisch in der Mitte des Büros und hörten sich Kims Bericht an. Anschließend beratschlagten sie gemeinsam, was zu tun sei.

Mutter Erde stand auf, setzte sich an ihren himmelblauen Schreibtisch, blätterte in ihren Elternbüchern und guckte traurig in die Runde.

„Es ist einfach noch nicht der richtige Zeitpunkt, ich finde keine anderen Eltern. Wir müssen uns etwas anderes für Kim überlegen.“

Der Zwerg mit der größten Nase meldete sich.

„Für mich riecht das nach einer Aufgabe für einen Schutzengel. Lasst uns einen auswählen, der sich um Kim kümmert.“

Fee Tina mit den wunderschönen himbeerfarbenen Gewändern wiegte anmutig den Kopf und betastete dabei ihr goldenes Stirnband.

„Hm, Alfred wäre der richtige dafür. Aber ich weiß nicht, ob nur ein Schutzengel reicht. Kim müsste dann ja trotzdem noch bei ihren Eltern bleiben, und glücklich wird sie dort nicht mehr.“

„Im Gegenteil, es ist gefährlich dort!“, ereiferte sich Hugo,

den sie alle den Zögerer und Zauderer nannten, *„da kann sie auf gar keinen Fall bleiben."* Kim nickte heftig und die Tränen traten ihr schon wieder in die Augen. Schmetter-Ling nickte bestätigend in Richtung Hugo. *„Sie muss da auf jeden Fall raus!"*

„Aber wohin soll sie?", gab der Zwerg mit der großen Nase zu bedenken.

„Auf der Erde gibt es Menschen, die verlorene Kinder bei sich aufnehmen, bis die richtig passenden Eltern gefunden werden", überlegte Fee Tina weiter.

„Gute Idee!", kam es von unten. Das war ein Kobold, der sich hinter den weiten Röcken von Mutter Erde versteckt hatte. Plötzlich redeten alle durcheinander und schmiedeten Pläne. Wie konnte es gelingen, für Kim die passenden Eltern zu finden?! Kim sah Schmetter-Ling an und lächelte seit langer Zeit wieder einmal ihr altes, verschmitztes Lächeln, das Schmetter-Ling so liebte. *„Alles wird gut"*, raunte die kleine Elfe ihrem Schützling zu.

Alfred holt Hilfe

Schutzengel Alfred fuhr, verkleidet als Taxifahrer, in einem Taxi durch die Nacht, als er am Straßenrand Kims Mutter Vera entdeckte. Sie torkelte auf die Straße, und fast wäre sie ihm ins Auto gefallen. Alfred passte das gut,

denn Mutter Erde hatte ihm einen wichtigen Auftrag mitgegeben, bevor sie ihn hinab auf die Welt geschickt hatte. Er brachte die Frau nach Hause.
Dort fand er Kim. Sie schrie und wimmerte, und sie war am ganzen Körper wund. Alfred holte sofort seine Freunde von der Polizei und der Feuerwehr und gemeinsam brachten sie das kleine Menschenkind in ein Krankenhaus.

Es vergingen weitere zwei Monate, in denen sich die Ärzte und Krankenschwestern liebevoll um Kim kümmerten. Es gab einen besonders lustigen Kinderarzt, Dr. Karsten, der immer einen Scherz oder ein liebes Wort für jedes Kind hatte. Ihn mochte Kim ganz besonders.
Eigentlich geht es mir doch wieder gut, überlegte sie. Es ist immer jemand da, wenn ich etwas brauche, ich bekomme genug zu essen, ich habe saubere Sachen an und alle sind sehr freundlich zu mir. Und trotzdem, froh bin ich nicht. Warum? Kim spürte sie wieder, die Sehnsucht. Sie wünschte sich so sehr eine Mama und einen Papa, die sie richtig lieb hatten.
Kim erinnerte sich, dass Mutter Erde ausdrücklich gesagt hatte, dass es noch nicht der richtige Zeitpunkt für die passenden Eltern war und dass sich erst einmal andere Eltern um sie kümmern würden.

Na schön, so lange würde sie eben Geduld haben, dachte Kim, und freute sich, weil Dr. Karsten kam. Neben ihm stand eine Frau, die Kim neugierig ansah. Sie sah nett aus, klein und schön rund, mit einem mondförmigen Gesicht, aus dem freundliche, braune Augen auf sie herab sahen. *„Hallo Kim“*, sagte sie, *„ich bin Barbara. Ich werde für dich sorgen und dich beschützen, bis wir passende Eltern für dich gefunden haben.“*

Und so war es dann auch. Barbara wurde Kims Kurzpflegemutter, sie lebte mit ihrem Mann und drei Kindern in einem schönen Haus mit Garten. Die anderen Kinder freuten sich über das neue kleine Menschenkind, und der Junge, der Kai hieß, schenkte ihr ein Schnuffeltuch, das wie ein Hase aussah. Kim nannte es „Kuschel“ und schnüffelte daran, und als Schmetter-Ling vorbei schaute, zeigte sie ihm stolz das erste Geschenk, das sie je bekommen hatte.
Schmetter-Ling war erstmal zufrieden, Kim war aus der gefährlichen Situation gerettet, alles andere würde sich ergeben.

Kim ging es in den nächsten drei Monaten ihres Menschenlebens immer besser, sie wurde kräftiger und fröhlicher. So sollte das Leben sein, dachte sie. Aber dann wurde sie wieder nachdenklich. Wann kommen denn endlich die Eltern, bei denen ich bleiben darf und die mich für immer lieb haben?
„Nun, ich glaube, dass Mutter Erde immer noch in ihren Elternbüchern sucht und ganz bestimmt bald die richtigen Eltern für dich findet“, antwortete Schmetter-Ling zuversichtlich, als die beiden am Abend zusammenhockten. Das machte Kim Mut, schließlich hatte Mutter Erde ja auch Alfred, den Schutzengel geschickt, der ihr geholfen hatte.

Dann dachte sie an ihre Mutter Vera. Vera kam manchmal zu Barbara, um Kim zu besuchen. Sie wirkte immer etwas hilflos, denn sie wusste nicht recht, was sie mit Kim anfangen sollte. Wenn sie kam, hob sie Kim ungeschickt aus dem Bettchen, setzte sie auf ihren Schoß und hielt sie verkrampft fest. Das tat Kim weh, sie drehte sich hin und her und weinte laut, außerdem hatte sie auch etwas Angst vor Vera. Vera wurde ärgerlich und legte sie wieder hin oder übergab sie an Barbara. Dann war Kim immer ganz erleichtert und zugleich auch traurig.

Warum konnte ihre Mama sie nicht ganz einfach lieb haben und mit ihr schmusen, wie es Barbara tat? Ihr Papa meldete sich nie wieder. Kim wusste nicht, ob sie froh oder traurig darüber sein sollte.

Elke weint und Kim ist glücklich

An einem schönen Septembertag, Kim war jetzt schon sieben Menschenmonate alt, kamen eine Frau und ein Mann ihre Kurzpflegefamilie besuchen. Sie hießen Manfred und Elke. Elke hatte lustige kurze blonde Haare, blaue Augen und war nicht dick und nicht dünn. Manfred hatte dunkle Locken, einen Bart, und was das Schönste war, einen runden Bauch. Da möchte ich mich ankuscheln, dachte Kim und lächelte beide an. Elke und Manfred lachten zurück. Elke hatte dabei Tränen in den Augen. Kim verstand nicht wieso, aber irgendwie war sie glücklich über diese Tränen.

Die beiden hatten sich schon vor einiger Zeit vorgenommen, ein Kind bei sich aufzunehmen, das es nicht so gut hatte wie andere Kinder. Beide wussten, dass das ihre Aufgabe auf dieser Welt war und sie machten sich auf die Suche nach dem Kind. Als sie Kim besuchten, wussten sie, dass ihre Suche zu Ende war.

Elke und Manfred kamen nun jeden Tag, gingen mit Kim spazieren, fütterten und windelten sie. Kim hegte Hoffnung und dachte: Sollten das die Eltern sein, bei denen ich bleiben kann? Niemand hatte Kim gesagt, dass Elke und Manfred ihre Eltern für immer werden, aber in ihrem kleinen Herzen wünschte sie es sich längst.

Jetzt war Kim noch nicht einmal ein Jahr auf der Welt und hatte schon drei Mütter. Es war manchmal ganz schön schwer, sich da noch auszukennen! Sie besprach sich abends mit Schmetter-Ling.
„Meinst Du, dass mich Manfred und Elke lieb haben?“
Schmetter-Ling nickte heftig, dabei wackelten die kleinen Fühler auf dem Kopf hin und her.
„Oh ja, ich glaube, dass wir nun die passenden Eltern gefunden haben.“

Kim hat es geschafft!

Nach einiger Zeit nahmen Manfred und Elke Kim mit in ihr Haus, in dem sie zusammen mit anderen netten Menschen, Erwachsenen und Kindern, lebten. Nun war es so weit, der richtige Zeitpunkt war gekommen, wie Mutter Erde es vorausgesagt hatte. Kim wusste es und freute sich. Sie konnte bei Elke und Manfred bleiben. Sie hatte genau die richtigen Eltern gefunden, die, die zu ihr passten. Sie kuschelte sich an ihren neuen Papa, der sie stolz in einem bunten Tuch vor seinem Bauch herumtrug und jedem Menschen erzählte, wie glücklich er war, dass gerade Kim nun seine kleine Tochter war.

Schmetter-Ling, flatterte fröhlich um Manfred und Kim herum und setzte sich auf Kims kleine Nase, um zu hören, was sie zu sagen hatte.

„*Flieg ins Himmelsbüro und sag Mutter Erde, dass ich es geschafft habe. Ich habe die passenden Eltern gefunden!*“

„*Guck dir das an!*“, sagte Manfred und lachte so sehr über den Schmetterling auf der Nase seiner neuen Tochter, dass sein ganzer Bauch bebte und wackelte.

Da musste auch Kim lachen.

Schmetter-Ling winkte zum Abschied und flog heim zu Mutter Erde.

Paul

Paul

Paul hat Sehnsucht

Hum-Mel, die kleine Elfe mit dem herrlich weichen, gelbschwarzen Fell, brummte mit Sternchen Paul um die Wette.

„*Du kannst so schön brummen*“, sagte Paul, „*warum kann ich das nicht?*“

Er guckte nach oben zu Hum-Mel, die auf einem seiner Sternenzacken saß. Hum-Mel zuckte mit den pelzigen Schultern und brummelte sich etwas Unverständliches in den Bart. Paul wurde ein wenig ärgerlich.

„*Wozu habe ich eigentlich eine Elfe, wenn sie mir nicht mal so eine einfache Frage beantworten kann?!*“

Jedes Sternchen am Himmelszelt hatte eine persönliche Elfe. Die kleinen Elfen konnten alle fliegen und hatten jederzeit Zutritt zum Himmelsbüro. Ihre Aufgabe war es, ihre Sternchen zu begleiten und zu beschützen. Auch dann, wenn sie Menschenkinder wurden.

„*Hummm*“, Hum-mel wackelte mit ihren Fühlern. „*Ich glaube, das ist ganz einfach – du bist du und ich bin ich*“.
„*Das ist aber keine Antwort auf meine Frage*“, sagte Paul unwirsch, „*man muss brummen doch auch lernen können.*“
Hum-Mel guckte ihr kleines Sternchen nachdenklich an.
„*Ich glaube, du bist etwas ganz Besonderes, ein Fragensteller, der niemals aufgibt.*“
Paul hatte schon die nächste Frage im Kopf.
„*Was weißt du eigentlich über die Erde, über die Menschen und über die kleinen Menschen, die sie Kinder nennen?*“
„*Hummmm, nicht so viel. Aber wenn deine Zeit gekommen ist, auf die Erde zu rutschen, werde ich dich begleiten und mit dir die Welt erkunden*“, antwortete Hum-Mel.
„*Wann ist das – meine Zeit?*“
„*Nun*“, brummte die Elfe, „*wenn du die Sehnsucht in dir spürst.*“

Paul schwieg und dachte nach. Manchmal spürte er etwas in sich, was ihn gleichzeitig traurig und neugierig machte. War das die Sehnsucht?

Das Himmelsbüro

Hum-Mel beobachtete Paul noch eine Zeit, wie er auf seiner Wolke saß und die Beine baumeln ließ. Sie sah Paul an, dass er die schwierigsten Fragen in seinem Kopf um- und umdrehte.

Dann flog Hum-Mel davon, zum Himmelsbüro, vorbei an den Kobolden, Zwergen, Feen und Elfen, die wie immer hektisch durcheinander liefen, direkt in das Zimmer von Mutter Erde. Mutter Erde saß an ihrem großen, himmelblauen Schreibtisch und studierte in den dicken Elternbüchern. Hum-Mel setzte sich auf deren linkes Ohr und fing an zu brummen. Mutter Erde blickte hoch, rollte die Augen nach links und erkannte die Elfe.

„Ich bitte dich, Hum-Mel, brumme mir nicht ins Ohr, ich kann mich gar nicht konzentrieren.“

Hum-Mel ließ sich von der Ermahnung nicht beeindrucken, sondern fing gleich an zu erzählen:

„Mutter Erde, heute, als Paul und ich spielten, entdeckte ich, dass er Sehnsucht hat. Ich sah es in seinen Augen.“

„So, so, dann wird es wohl Zeit, die passenden Eltern für ihn zu finden“, brummte nun auch Mutter Erde.

„Du weißt, es wird nicht einfach sein, denn auch Paul ist etwas Besonderes, wie so viele Sternchen hier oben.“

Hum-Mel wusste sofort, was Mutter Erde meinte. Es gab

unter den Millionen von Sternchen nicht eines, das nicht eine besondere Stärke hatte. Pauls Stärke war, dass er immer alles ganz genau wissen wollte und tausend Fragen stellte. Und er gab niemals auf, unter gar keinen Umständen! Deshalb war Hum-Mel auch so stolz auf ihn!

Aber Hum-Mel wusste auch, dass es nicht immer einfach war, die passenden Eltern zum passenden Zeitpunkt zu finden.

Mutter Erde schlug mit einem lauten Knall das Elternbuch zu und öffnete ein anderes.

„Gut, dann wollen wir mal sehen, was ich für Paul tun kann.“

Paul darf rutschen

Paul war ganz vertieft in das Studium der Wolken. Sie konnten wie alles Mögliche aussehen und im nächsten Moment waren sie immer schon wieder etwas anderes.

Da kam Hum-Mel aufgeregt angesummt.

„Paul“, rief sie schon von weitem, *„Mutter Erde möchte mit dir sprechen.“*

„Das kann eigentlich nur heißen ...“, dachte Paul, sprang auf und machte sich auf den Weg zu Mutter Erde.

Im Himmelsbüro angekommen, setzte sich Paul erwartungsvoll auf einen der Sternenkinder-Stühle. Er konnte sich kaum beherrschen, fast hätte er gefragt, ob er auf die Erde dürfe. Mutter Erde lächelte.

„*Paul, deine Zeit ist gekommen. Hum-Mel hat mir erzählt, dass du Sehnsucht empfindest, ein kleiner Mensch zu werden. Deshalb solltest du so schnell wie möglich mit Hum-Mel auf der Himmelsrutsche zur Erde hinab rutschen.*“

Paul wurde ganz aufgeregt und zwinkerte Hum-Mel heimlich zu.

„*Ich hoffe, ich habe in meinen Elternbüchern die passenden Eltern für dich gefunden*“, fuhr Mutter Erde fort. Sie machte eine Pause und sah Paul ein wenig besorgt an.

„Aber, ich bin mir nicht sicher, ob es der richtige Zeitpunkt ist.“

„*Was bedeutet das, der richtige Zeitpunkt?*“, fragte Paul neugierig.

„*Das ist schwer zu erklären, und es gibt auch keine andere Lösung, als es selbst auszuprobieren. Wenn es nicht der richtige Zeitpunkt ist, wirst du es spüren.*“

Paul guckte verwundert zu Mutter Erde und dann zu Hum-Mel. Dabei rutschte er unruhig auf seinem Stuhl hin und her. „*Was hat das zu bedeuten*“?, dachte er. Ihm war ein kleines bisschen unheimlich zu Mute.

„Und was kann ich tun, wenn ich es spüre?“, fragte er leise.
„Nun, du hast die Möglichkeit, für eine kurze Zeit wieder hierher zu kommen. Unten auf der Erde an der Himmelsrutsche gibt es eine Klingel für verlassene Kinder. Du musst sie nachts um 12 Uhr 12 drücken, dann komme ich und versuche, dir zu helfen.“
Mutter Erde stand auf und klatschte in die Hände.
„So, nun aber ab mit euch beiden!“
Sie drückte Paul einen dicken Kuss auf die Sternenspitze und sah ihm und Hum-Mel liebevoll hinterher.

Auf dem Weg zur Himmelsrutsche hatte Paul viele Fragen.
„Wie lang ist die Rutsche? Wie weit ist die Erde weg? Woraus besteht die Erde? Wie sind die Menschen?“
Hum-Mel schwirrte schon der Kopf von den vielen Fragen und sie war froh, dass sie sie nicht alle beantworten musste. Sie drehte sich vergnügt zu Paul um und sagte: *„Ich weiß das alles auch nicht. Lass es uns einfach ausprobieren!“*
Paul gluckste vor lauter Vorfreude und Hum-Mel brummte so laut wie noch nie. Paul rutschte voran, direkt in den Bauch seiner Menschenmutter.

Auf der Erde angekommen

„Es ist schön warm im Wasser und es macht Spaß, im Bauch getragen zu werden“, dachte Paul, *„aber irgendwie ist es auch langweilig. Ich will doch die Welt kennen lernen“*!
Er hielt sich mit seinen winzigen Fingern das Näschen zu und wurde wenig später mit aller Kraft nach draußen gedrückt.
Sofort blickte er sich um. Zwei Menschen guckten ganz verliebt auf ihn herab. Einer von ihnen hatte zwei wunderschöne blaue, der andere zwei kugelrunde, große braune Augen.
Na, das fängt ja gut an, dachte Paul, und er fing an, laut zu krähen. Leider verstanden seine Eltern seine Fragen noch nicht so richtig.

Die Zeit verging, und Paul lernte jeden Tag tausend neue Sachen. So kann es weitergehen, dachte er und kuschelte sich in die Arme seiner Eltern, die Manuela und Tom hießen.

Paul fliegt nach Amerika ...

Eines Tages jedoch, Paul war nun fünf Menschenmonate alt, passierte etwas Ungewöhnliches. Es war unruhig, Vorbereitungen wurden getroffen und dann stiegen

die Eltern mit Paul in ein großes Ding, das sie Flugzeug nannten. Es konnte fliegen, wie Hum-Mel, aber es war viel größer, und viele, viele Menschen hatten darin Platz. Paul fragte sich, wie es wohl kam, dass ihm die Ohren so drückten, als das Flugzeug los flog, aber wie immer verstand niemand seine laut gestellten Fragen. Manuela versuchte, ihn zu beruhigen.
Sie flogen lange in den Tag hinein, seine Eltern unterhielten sich auf dem Flug über das Land Amerika, das nun ihre Heimat werden sollte. Paul spürte die Vorfreude seiner Eltern und wurde auch ganz aufgeregt. Wie war es wohl in Amerika?

Als das Flugzeug landete, konnte Paul es kaum noch aushalten, er wollte endlich das geheimnisvolle neue Land sehen! Kaum waren sie aus dem Flugzeug ausgestiegen, kam auch schon Hum-Mel angeflogen und setzte sich auf das Verdeck von Pauls Buggy.
„Puh, war das anstrengend. Ihr seid so viele Stunden mit dem Flugzeug geflogen und ich musste den ganzen Weg hinterher fliegen, um bei dir zu bleiben.“
Hum-Mel war ganz aus der Puste und das sonst so volle Brummen klang auf einmal ganz dünn. Paul war gerührt, weil die Elfe ihn niemals alleine ließ. Sogar bis hierher ist

sie mir hinterher geflogen! Paul strahlte glücklich.

„Ach, meine liebe Hum-Mel! Warum ist Amerika denn bloß so weit weg?"

Hum-Mel zuckte die Schultern.

„Du bist in Deutschland auf die Welt gekommen. Und Amerika ist eben auf der anderen Seite eines großen Ozeans. Darum."

„Und weißt du, warum wir jetzt in Amerika sind?"

Hum-Mel nickte.

„Dein Vater Tom wurde hier geboren, deine Eltern wollen hier mit dir ein neues Leben beginnen."

Paul versuchte, sich mit seinen Eltern in dem neuen Land einzuleben. Es gab so viel Neues zu entdecken! Er lernte seine Großeltern kennen, die im gleichen Haus lebten wie er und seine Eltern. Sein Vater machte mit ihm und Manuela viele Ausflüge, damit sie sein Geburtsland kennen lernten. Es gab hohe Berge, die ganz rot waren, riesige gelbe Felder, tiefe dunkelgrüne Wälder und endlose Straßen, die man hier „Highways" nannte. Das verriet ihm Hum-Mel. Pauls Elfe war immer mit dabei, und sie erklärte Paul viel von dem neuen Land. Hier wurde nämlich auch eine andere Sprache gesprochen. Paul lernte schnell und verstand schon ziemlich viel von diesem Englisch und er wunderte sich, wieso man die Straßen

„Hochwege“ nannte. Aber darauf wusste nicht einmal Hum-Mel eine Antwort.

Eigentlich hätte alles wunderschön sein können. Wenn sich nur Pauls Eltern nicht immer so viel gestritten hätten. Streit machte Paul Angst und die Tränen von Manuela, die dann immer viel weinen musste, auch.
Im Streit wurden die Stimmen der Eltern ganz laut, das tat Paul in den Ohren weh, und weil sie alle in einem Zimmer wohnten, konnte Paul nicht schlafen und weinte still vor sich hin. Immer wieder fragte er leise: *„Warum streitet ihr, warum streitet ihr so?“*, aber er bekam keine Antwort darauf.
Als es wieder einmal Streit gab, ging Papa Tom weg und knallte laut die Tür hinter sich zu. Manuela saß bei Paul, weinte sich die Augen aus dem Kopf und sagte leise zu ihm: *„Paulchen, ich möchte wieder nach Hause.“*

„Was ist bloß los?“, fragte Paul Hum-Mel als er abends in seinem Bettchen lag. „Seit wir hier sind, gibt es nur noch Zank und Streit.“
Hum-Mel brummte tröstend in Pauls Ohr.
„Manchmal, wenn das erste Verliebtsein von zwei Menschen vorbei ist, merken sie, dass sie gar nicht richtig zu-

sammen passen“, antwortete Hum-Mel.

„So, wie wenn die Eltern nicht zum Sternchen passen?“

Hum-Mel nickte nachdenklich.

„Ja, vielleicht ein bisschen so. Besonders schlimm ist es, wenn einer von beiden seine Heimat verlassen musste“, fuhr sie fort, *„dann kommt die große Sehnsucht nach zu Hause.“*

Paul nickte, Sehnsucht, ja, die kannte er selbst sehr gut.

... UND WIEDER ZURÜCK

Die Tage wurden immer unerträglicher. Nach einem besonders heftigen Streit mischte sich die Großmutter ein. Böse sagte sie: „Manuela, flieg doch endlich wieder nach Deutschland! Aber Paul lässt du hier!“

Manuela nahm ihren kleinen Sohn auf den Arm und sah ihn ernst an.

„Paulchen, die zwei Monate hier waren ein großer Fehler. Ich halte es nicht mehr aus. Wir beide fliegen zurück nach Deutschland. Alleine lasse ich dich hier bestimmt nicht.“

Dann packte Manuela die nötigsten Sachen zusammen und schlich sich mitten in der Nacht mit Paul auf dem Arm aus dem Haus. Sie durften bei einer netten Nachbarin bleiben und am nächsten Tag flogen sie zurück nach Deutschland.

„*Wenn nur Hum-Mel hinterher kommt.*“ Paul sorgte sich, er fühlte sich unglücklich und vermisste seine kleine Elfe sehr. Aber Hum-Mel schaffte den weiten Rückweg über den Ozean.

Paul wird hin und her geschubst

Nun waren sie schon seit zwei Menschenjahren wieder in Deutschland. Paul konnte schon richtig sprechen, und jetzt verstanden die Leute endlich seine vielen Fragen, doch glücklich war er nicht.

Paul überlegte zusammen mit Hum-Mel, was in der Zeit passiert war, seit sie aus Amerika weggeflogen waren. Zuerst hatten Manuela und Paul bei der anderen Oma in Deutschland gelebt, aber das ging nicht gut. Der neue Freund der Oma war gar nicht nett und wollte sie so schnell wie möglich loswerden. Also packte Manuela wieder die Sachen und ging mit Paul in ein Haus, in dem viele junge Mütter mit ihren kleinen Kindern lebten.

Hier bekamen sie auch eine eigene Wohnung, aber das war für Manuela gar nicht gut. Sie fühlte sich allein und ging oft weg, um Freunde zu treffen und ließ Paul in der Wohnung zurück oder nahm ihn mit zu den Freunden und ließ ihn dann dort zurück. Paul wusste nie, wann sie wieder kam und ihn abholte.

Paul war sehr einsam und vermisste Manuela unendlich. Wenn er bei ihren Freunden war, die er gar nicht gut kannte und die immer wechselten, fühlte er sich fremd und unsicher. Auch hatte er oft Hunger. Aber was das Schlimmste war: Wenn er sich so fremd fühlte, traute er sich nicht mehr, Fragen zu stellen und die Welt zu entdecken.
Paul besprach irgendwann alles nur noch mit Hum-Mel, heimlich und ganz leise. Er wurde immer stiller und unglücklicher.
Aber auch Manuela war nicht glücklich, sie wusste, dass das, was sie mit Paul machte, nicht gut war. Und weil sie Paul so liebte, fasste sie sich ein Herz und ging zu ihrer Betreuerin vom Jugendamt.
„Ich kann nicht mehr, bitte helfen Sie mir."

So hat Paul sich das nicht vorgestellt!

So kam Paul zu Marita. Marita hatte mehrere Tagespflegekinder. Die Kinder wurden morgens von ihren Eltern gebracht und am Nachmittag, wenn sie von ihrer Arbeit kamen, wieder abgeholt. Auch Manuela brachte Paul einige Tage zu Marita und holte ihn wieder ab.
Paul mochte Marita, sie spielte und bastelte viel mit den Kindern und machte Ausflüge in den nahen Wald. Paul

begann sich wohl zu fühlen und stellte wieder viele Fragen. Marita versuchte immer eine Antwort zu finden.
Eines Tages kam Manuela nicht mehr, um ihn abzuholen. Paul musste bei Marita übernachten, ohne zu wissen, ob Manuela am nächsten Tag kam. Er fühlte sich wieder schrecklich einsam und allein gelassen.
Marita nahm ihn am nächsten Tag auf den Arm.
„Paul, es tut mir sehr leid, aber ich kann mich nicht um dich kümmern. Wir müssen eine andere Lösung für dich finden.“
„Was meint sie damit, Lösung finden? Bin ich denn ein Problem?“, fragte Paul seine Elfe. Hum-Mel brummte traurig und zuckte die Achseln.

Paul kam jetzt zu „Turnschuh“. So nannte er Frau Bauer, weil sie immer Turnschuhe an hatte. Frau Bauer hatte eine Kurzpflegestelle, hier konnten Kinder für kurze Zeit leben, bis für sie die passenden neuen Eltern gefunden wurden.
Doch Paul konnte es dort kaum aushalten. Traurige Gedanken beschäftigten ihn. Warum hat Manuela mich weggegeben? Wo ist sie? Wo gehöre ich eigentlich hin? Wer hat mich lieb? Bei wem darf ich bleiben, wenn nicht bei Manuela? Sehe ich sie nie mehr wieder?
Dicke Tränen flossen über seine Wangen, er wagte nicht

einmal mehr, Hum-Mel zu fragen, denn die brummte auch nur noch traurig und zuckte mit ihren winzigen Schultern. Wenn ihm nicht einmal seine Elfe seine Fragen beantworten konnte, wer dann?
Zum Glück blieb ihm auch noch Teddy, den er von Papa Tom bekommen hatte, als er noch ganz klein war. Teddy begleitete ihn überall hin, ihm und Hum-Mel konnte Paul alles erzählen, was ihn bedrückte. Und das war viel, denn er war so traurig, und er vermisste Manuela unendlich.

Die Klingel für verlassene Kinder

„*Liebe Hum-Mel*“, fragte Paul, „ist es das, was ich von der Welt wollte, als ich damals die Sehnsucht hatte?“
„*Du musst ganz tief in dein Herz hinein hören. Dein Herz weiß die Antwort.*“
Paul hörte also ganz tief in sein Herz hinein und fühlte wieder die große Einsamkeit und Leere in sich. Er weinte bitterlich und sah Hum-Mel verzweifelt an. Hum-Mel wurde es unbehaglich, sie hüpfte hin und her und sagte schließlich:
„*Es gibt ja noch die Klingel, Paul.*“
Paul gab sich einen Ruck und ballte die kleinen Hände zu Fäusten. Ja, das war der Weg, den er nun gehen musste! Nachts um 12 Uhr 12 machte er sich zusammen mit Hum-

Mel auf den Weg zur Himmelsrutsche und drückte auf den Knopf „verlassene Kinder".

Mutter Erde kam polternd die Himmelsrutsche herunter gerutscht.

„Oh, hallo Paul und Hum-Mel", sagte sie, *„wie kann ich euch helfen?"*

„Ich habe nicht gefunden, was ich mir so gewünscht habe."

Paul schluckte die Tränen tapfer hinunter, während er sprach. Mutter Erde nickte verständnisvoll.

„Na, dann kommt erst mal mit nach oben, dann besprechen wir alles mit dem Rat der Weisen."

Alle drei rutschten nach oben, wie man es nur auf der Himmelsrutsche kann.

Der Rat der Weisen

Der Rat der Weisen aus erfahrenen Kobolden, Zwergen, Feen und Elfen traf sich am großen, runden, sonnengelben Beratungstisch im Himmelsbüro. Die Versammelten hörten sich den Bericht von Paul und Hum-Mel an. Dann beratschlagten sie, was zu tun sei.

„Jeder Fall ist anders und einzigartig", bemerkte Kobold Klaus, der immer ein bisschen altklug wirkte. Alle nickten. Zwerg Jonas legte den Zeigefinger an seine große Nase und überlegte laut.

„Ob hier ein Schutzengel etwas erreichen könnte?“
Hugo, der Kobold in der grasgrünen Jacke, den alle den Zögerer und Zauderer nannten, weil er immer alles bis zum Schluss hinterfragte, war dagegen.
„Was soll da ein Schutzengel machen? Gucken, dass der „Turnschuh“ *Paul auch genug zu essen gibt, bevor er ihn wieder woanders hin abschiebt? Nein, ich glaube, wir brauchen einen anderen Weg.“*
Paul war ganz seiner Meinung. Wie gut, wenn jemand Fragen stellte!
„Ich glaube, dass hier nur Eltern helfen könnten, die schon ein Kind bei sich aufgenommen haben“, sagte Fee Gudrun. *„Solche, die wissen, wie Paul sich fühlt.“* Sie trug ein goldenes Gewand und ein Stirnband mit einem Glitzersternchen.
„Und die neuen Eltern müssen außerdem erlauben können, dass Manuela zu Paul kommen kann. Denn Paul hat Manuela sehr lieb.“
Alle wurden ganz still und guckten Paul an.
Paul dachte über Gudruns Worte nach.
„Das stimmt, ich habe Manuela lieb und ich bin traurig, dass sie nicht für mich da ist. Aber ich bin auf der Welt, um Fragen zu stellen und Antworten zu bekommen, nur dann bin ich wirklich glücklich. Das ist meine Aufgabe. Ich möchte Eltern, die für mich da sind und mit mir reden und mir antworten.“

Mutter Erde nickte.

„Ja, das hast du gut herausgefunden. Und wir wissen jetzt auch, warum es der falsche Zeitpunkt für Manuela war. Sie ist noch nicht so weit, sie kann dir noch keine Antworten geben. Sie muss noch so viele Antworten für sich selbst finden."

Hum-Mel wurde langsam ungeduldig und machte einen Purzelbaum in der Luft, um mal wieder die Aufmerksamkeit auf sich zu lenken. Schließlich war es ja ihr Sternchen, um das es hier ging!

„Ist ja alles gut und schön, aber wie geht es nun weiter?"

Das hatte Paul auch gerade fragen wollen. Mutter Erde ging zu ihrem himmelblauen Schreibtisch und holte die Elternbücher hervor.

„Ich werde in den Büchern suchen und ihr müsst mir dabei helfen", sagte sie in die Runde und runzelte die Stirn vor lauter Anstrengung.

„Kann ich mitsuchen?", fragte Paul zögernd.

„Das ist ein guter Vorschlag!"

Kobold Klaus, der schon mitten auf den Seiten des riesigen Elternbuches gesessen hatte, um besser sehen zu können, sprang auf.

„Paul soll sich neue, passende Eltern mit aussuchen."

Wer hat Paul für immer lieb?

Die Bücher wurden gewälzt, es waren tausend an der Zahl. Als alle nach und nach langsam müde wurden, wurde Fee Gudrun plötzlich ganz aufgeregt.

„*Hier, ich glaube, ich habe was gefunden*“, rief sie und wedelte mit ihrem goldenen Ärmel.

Paul guckte sich die Seite an. Da war ein Bild von einer lustigen blonden Frau und einem dicken Mann mit Bart. Sie hießen Ute und Dietrich und sahen richtig nett aus. Sie hatten schon ein Pflegekind, es war mit auf dem Bild, und hieß Sarah. Die drei lebten zusammen mit anderen Eltern und Kindern in einem großen Haus mit einem herrlich verwilderten Garten. Da drin kann man sicher gut Verstecken spielen, dachte Paul, und alles Mögliche entdecken.

„*Ob das die Richtigen für mich sind?*“, dachte er laut .

„*Das kann ich für dich herausfinden*“, rief Hum-Mel aufgeregt. „*Ich düse sofort zur Erde!*“

Hum-Mel machte sich auf den Weg zu den neuen Eltern Als sie ankam, war nur Dietrich da, aber mit ihm sieben andere Kinder, mit denen er gerade Spaghetti kochte. Die Kinder fragten Dietrich Löcher in seinen runden Bauch.

„*Warum muss man weinen, wenn man Zwiebeln schneidet?*

Warum sind Spaghetti so lang? Warum sind Tomaten rot?"
Dietrich wusste auf alles eine Antwort.

Hum-Mel hörte eine Weile zu und war sehr zufrieden. Da war man schon mal ein gutes Stück weiter. Aber wie würde Ute sein? Könnten die beiden sich vorstellen, Manuela im Leben von Paul zu lassen?
Da klingelte das Telefon und Hum-Mel hörte, wie Dietrich mit Ute redete. Sie konnte auch hören, was Ute sagte – Elfen können das – und sie wurde noch viel zufriedener. Ute erzählte gerade von einem Treffen mit anderen Pflegeeltern. Sie hatten genau darüber gesprochen, dass manche Kinder noch die Eltern brauchen, die sie geboren hatten, auch wenn sie nun bei anderen, neuen Eltern lebten. Das war manchmal schwierig, aber die Pflegeeltern wollten, dass es ihren Pflegekindern gut ging, und darum würden sie das schaffen.
Hum-Mel hatte genug gehört. Sie machte sich sofort auf den Weg ins Himmelsbüro und erstattete Bericht. Paul hörte Hum-Mel aufmerksam zu, hörte tief in sein Herz hinein und fühlte ganz viel Freude, aber auch ein bisschen Angst. Was, wenn es wieder schief ging? Aber Mutter Erde hatte deutlich gemacht, dass man nur herausfinden konnte, ob es die richtigen Eltern waren, wenn man

es ausprobierte.
„*Gut, ich versuche es*“, sagte Paul schließlich.

Paul hat es geschafft!

Bei „Turnschuh“ klingelte es an der Tür, Paul sah Dietrich und Ute dort stehen, Sarah an der Hand. Sie sahen genauso aus wie im Elternbuch.
Paul trat kräftig in die Pedalen des Dreirads und bremste ab, kurz bevor er Ute die Füße platt fuhr. Er sah seine neuen Eltern erwartungsvoll an.
„*Wisst ihr alles?*“
Ute, Dietrich und Sarah lachten. Ute nahm Paul auf den Arm und sagte: „*Nein, Paul. Niemand weiß alles. Aber wir können dir zeigen, wie man eine Antwort auf fast alle Fragen findet.*“
Paul war sehr zufrieden mit dieser Antwort. Das war ja noch besser, als jemanden zu haben, der alles wusste! Er lachte Hum-Mel an, die auf dem Lenkrad des Dreirads Platz genommen hatte. Die kleine Elfe machte zum Abschied drei Luftpurzelbäume und flog nach oben ins Himmelsbüro, um Mutter Erde Bericht zu erstatten. Paul hatte es geschafft.
Dietrich sah Ute und die beiden Kinder liebevoll an und sagte: „*Ich glaube, nun ist unsere Familie komplett.*“

Luise

Luise

Luise hat Sehnsucht

Kä-Fer stellte seine Fühler steil nach oben. Da war doch was, er hatte jemanden weinen hören! Er pumpte den kleinen runden Körper auf, begann, die knallroten Flügel mit den schwarzen Punkten zu schwingen, zog seine sechs Beinchen an und flog etwas schwerfällig mit lautem Surren in die Richtung, aus der das Weinen kam.
Dort angekommen, traf er auf zwei Sternchen. Eins davon jammerte laut und hielt sich einen Sternenzacken. Das andere Sternchen versuchte zu trösten.
„Du Arme, das muss so wehtun, wie kann ich dir nur helfen?“
Kä-Fer sah sofort, dass es seine Luise war, die das andere Sternchen tröstete. Sein Herz wurde ganz weit vor Stolz und Freude. So war sie, seine Luise, immer um andere besorgt und hilfsbereit.
Jedes Sternchen am Himmelszelt hatte eine persönliche Elfe, die nur für es allein da war. Die kleinen Elfen konnten

alle fliegen und hatten jederzeit Zutritt zum Himmelsbüro. Ihre Aufgabe war es, ihre Sternchen zu begleiten und zu beschützen, auch dann, wenn sie Menschenkinder wurden.

„Was ist passiert?“, fragte Kä-Fer und setzte sich keck auf Luises Sternenzacken.
„Wir sind beim Spielen zusammengestoßen, und der Zacken von Angie hat einen Riss bekommen. Was machen wir jetzt nur?“, guckte Luise verzweifelt nach oben zu dem Zacken, auf dem ihre Elfe saß.
„Ich kann ins Himmelsbüro fliegen und Hilfe holen“, bot Kä-Fer an, *„und du bleibst hier und kümmerst dich weiter um deine Freundin.“*
„Ja, und mach schnell!“
Luise wedelte Kä-Fer von ihrem Zacken und beugte sich wieder über Sternchen Angie.
„Du brauchst keine Angst zu haben, Kä-Fer holt Hilfe.“
Angie nickte und weinte längst nicht mehr so laut wie vorher.

Nachdem Kä-Fer die Rettungs-Feen alarmiert und diese das kleine Sternchen in ihre Krankenstube getragen hatten, flog er zu Luise, die ganz alleine auf einer Wolke saß

und mit großen Augen auf die Erde hinunter guckte.
„*Wollen wir was spielen?*“, fragte Kä-Fer.
„*Och nee, Kä-Fer. Ich weiß auch nicht, was mit mir los ist. Aber manchmal habe ich so ein komisches Gefühl, wenn ich auf die Erde runter gucke.*“
„*Wird dir schwindlig?*“
Kä-Fer war ganz besorgt. Luise lachte.
„*Nein, mir wird doch nicht schwindelig.*“ Sie dachte einen Augenblick nach. „*Ich glaube, ich möchte die Welt kennen lernen.*“
Nun wurde auch Kä-Fer nachdenklich. Jedes der Millionen Sternenkinder am Himmelszelt durfte irgendwann auf der Himmelsrutsche auf die Erde rutschen und ein kleiner Mensch werden. Auf der Erde sagte man „Kinder“ zu den kleinen Menschen. Für Luise war es jetzt soweit, die Sehnsucht war da. Kä-Fer machte sich sofort auf den Weg ins Himmelsbüro.

Das Himmelsbüro

Im Himmelsbüro war wie immer ein heilloses Durcheinander. Kobolde, Zwerge, Feen und Elfen flatterten, flogen und rannten über die Wolken, jeder mit seiner Aufgabe betraut.
Mutter Erde saß an ihrem himmelblauen Schreibtisch

und blätterte in einem der dicken Bücher, die sich links und rechts vor ihrem Schreibtisch stapelten. Ein Stapel war bedrohlich schief, und als Kä-Fer mit einem „*Plopp*“ darauf landete, fiel er mit lautem Getöse um. Kä-Fer rettete sich mit einem Satz auf den Schreibtisch. Mutter Erde hätte vor Schreck fast auch noch das Buch fallen lassen, in dem sie gerade las.

„*Was ist denn hier los?*“, fragte sie und guckte Kä-Fer erstaunt an.

„Entschuldige die Störung“, sagte Kä-Fer und wackelte vor Aufregung mit den Fühlern, „aber es ist wichtig.“

Mutter Erde konnte sich schon denken, was so wichtig war.

„*Sag bloß, deine Luise hat jetzt die Sehnsucht*“, seufzte sie.

Kä-Fer nickte eifrig.

„Ja, hat sie, sie will ein kleiner Mensch werden.“

„*Hm, dann werde ich mich sofort auf die Suche nach den passenden Eltern für sie machen.*“ Mutter Erde runzelte die Brauen. „Das wird nicht einfach sein.“

Kä-Fer verstand, was Mutter Erde meinte. Es war in der Tat jedes Mal schwierig mit der Elternsucherei. Jedes Sternchen hier oben war etwas Besonderes, und es mussten deshalb besondere Eltern gefunden werden, die zu dem Sternchen passten. Kä-Fer war froh, dass er nicht

diese schwierige Aufgabe hatte.
„*Soll ich Luise holen?*“, fragte er.
„*Lass mir noch eine Nacht Zeit und komm morgen früh mit Luise zu mir*“, sagte Mutter Erde und wandte sich wieder ihren Elternbüchern zu.

Luise darf rutschen

In aller Frühe machte sich Luise auf den Weg zum Himmelsbüro, Kä-Fer kam gar nicht so schnell hinterher, er war noch müde.
„*Warte doch, Luise*“, rief er kläglich.
Luise drehte sich um, nahm Kä-Fer hoch und setzte ihn auf einen ihrer Sternenzacken.
„*Besser so?*“, grinste sie und guckte nach oben zu Kä-Fer. Der gähnte verstohlen in seine Flügel.

Im Himmelsbüro setzte sich Luise sofort erwartungsvoll auf einen der Sternenkinderstühle, Kä-Fer flog von ihrem Sternenzacken und landete auf der Stuhllehne neben ihr. Mutter Erde begrüßte sie freundlich.
„*Es ist noch sehr früh, ihr konntet es wohl gar nicht erwarten?*“
Luise nickte heftig.
„Na, dann gucken wir mal, was ich so herausgefunden

habe", sprach Mutter Erde weiter, „ich glaube, ich habe die passenden Eltern für dich gefunden."

Luise starrte sie mit großen Augen an.

„Aber ich weiß leider nie, ob sie wirklich die richtigen Eltern zum richtigen Zeitpunkt sind."

Luise runzelte die Stirn.

„Was meinst du damit?"

„Die Menschen auf der Erde sind manchmal anders, als ich eigentlich dachte. Von hier oben sieht alles ganz gut aus, und wenn dann die Sternchen als Kinder bei den Eltern sind, passieren Sachen, die ich nicht voraussehen konnte."

Luise guckte zu Kä-Fer. Der zuckte mit seinen roten Schultern, die Flügel hoben sich dabei ein wenig an und man sah die schwarzen Punkte glänzen.

„Und dann?" Luise wandte sich wieder Mutter Erde zu. *„Wie kann ich dann Hilfe bekommen?"*

Mutter Erde klatschte begeistert in die Hände.

„Das liebe ich so an dir, Luise, immer denkst du an Hilfe und eine Lösung, das wird dir auch im Leben auf der Erde weiter helfen. Aber es ist ganz einfach," sprach Mutter Erde weiter. „Zuerst geht ihr zur Himmelsrutsche und saust zur Erde hinab, direkt in den Bauch der Menschenmutter."

„Das wird bestimmt lustig", freute sich Luise.

„Und solltet Ihr jemals Hilfe brauchen, dann müsst Ihr euch

nachts um 12 Uhr 12 wieder auf den Weg zur Himmelsrutsche machen, dort findet Ihr die Klingel für verlassene Kinder. Ich komme dann herunter und versuche, euch zu helfen.“

Luise und Kä-Fer guckten sich an. Kä-fer zwinkerte ihr zu.
„*Wollen wir?*“
Vor lauter Aufregung kam nur ein Flüstern aus ihm heraus. Luise lachte.
„*Ja, dann mal los!*“, rief sie und sprang vom Stuhl.
Mutter Erde sah den beiden hinterher, wie sie zur Himmelsrutsche eilten.
„*Macht's gut, Ihr zwei*“, sagte sie leise. Sie wünschte sich sehr, dass es diesmal gut ging und sie für Luise gleich die passenden Eltern gefunden hatte.

In Mamas Bauch

Es ist schön warm im Wasser und es macht auch Spaß, im Bauch getragen zu werden, dachte Luise, aber irgendwie ist es langsam auch echt eng geworden. Ich kann mich gar nicht mehr richtig bewegen. Sie boxte mit ihren kleinen Armen und Beinen gegen den Bauch, und als auch das nichts mehr half, hielt sie sich mit ihren winzigen Fingern das Näschen zu. Es dauerte nicht mehr lange, bis sie nach draußen gepresst wurde.

Sofort blickte sich Luise neugierig um. Ihre Mama Jutta hielt sie im Arm und ihr Papa Klaus stand lächelnd daneben. Er hatte rote Haare. Rot war Luises Lieblingsfarbe, und sie wünschte sich, dass sie selbst auch so schön rot war wie ihr Papa und wie Kä-Fer, der von dem Blumenstrauß, der auf Mamas Nachttisch stand, neugierig zu ihr herüber sah. Sie zwinkerte Kä-Fer zu und fing an, laut zu schreien. Sie hatte Hunger.

Wo ist Papa?

Ein ganzes Jahr später saßen Kä-Fer und Luise zusammen auf einer Decke und überlegten, was bisher alles geschehen war. Luise kuschelte mit Igel, den hatte Mama Jutta ihr geschenkt. Er war rosa mit einem Muster aus kleinen weißen Blümchen. Luise mochte ihren Igel sehr. Auch ihre Mama Jutta hatte sie lieb, und ihren Papa Klaus mochte sie gerne, manchmal schäkerte er mit ihr, das war sehr lustig und sie musste lachen.
Aber nun war Papa nicht mehr da, Luise lebte mit Mama Jutta in einer anderen Wohnung bei einem anderen Mann, den Luise „Opa“ nannte. Aber es war nicht ihr richtiger Opa, den kannte sie gar nicht. Der Opa, bei dem sie jetzt wohnten, hatte sich schon um Mama Jutta gekümmert, als diese selbst noch ein kleines Kind war.

„Aber warum ist mein Papa weggegangen?“

Luise guckte Kä-Fer an, dabei schluckte sie tapfer ihre Tränen hinunter. Kä-Fer saß auf der Decke, pumpte seine Flügel auf und flog auf Luises Nasenspitze. Luise musste schielen, um ihn sehen zu können, und da musste sie trotz aller Tränen lachen. *„Kä-Fer, so kann ich nicht mit dir reden!“*

Kä-Fer drehte sich um und landete mit einem eleganten Schwung auf Igel.

„Besser so?“, fragte er.

Luise nickte. Kä-Fer wurde ernst.

„Warum gehen Papas weg, das ist eine gute Frage.“

Er überlegte sich die Antwort und kratzte sich dabei mit einem seiner sechs Beinchen am Bauch.

„Ich weiß, dass er sich bemüht hat, zusammen mit euch eine Familie zu sein, aber …“, Kä-Fer zögerte, *„es ist nicht immer leicht mit Jutta zusammenzuleben.“*

„Ist es, weil sie manchmal so komisch ist und schlecht riecht?“

Luise musste an die Momente denken, wenn Mama Jutta sie auf den Arm nahm und ganz scharf aus dem Mund roch. Sie war dann auch ganz eigenartig, konnte nicht richtig reden und schlief bald ein.

„Ja, dann hat sie zu viel Bier und Schnaps getrunken.“

Kä-Fer kratzte sich mit einem anderen Beinchen am Kopf, und mit einem dritten Bein unter dem Flügel. Obwohl das lustig aussah, blieb Luise jetzt jedoch das Lachen im Halse stecken.
„Dein Papa hat Jutta immer wieder gebeten, zum Arzt zu gehen, denn man wird richtig krank, wenn man immer viel zu viel Bier und Schnaps trinkt."
„Und warum ist sie nicht hingegangen?", fragte Luise.
„Deine Mama hat ganz viel Angst davor, aus dem Haus zu gehen. Das kann sie nur, wenn sie viel Bier getrunken hat. Aber mit dem vielen Bier im Kopf traut sie sich dann wieder nicht zum Arzt zu gehen."
„Das verstehe ich nicht, aber Mama tut mir ganz doll leid" überlegte Luise. *„Und Papa fehlt mir auch!"*, fügte sie leise hinzu und fing an zu weinen.
Kä-Fer wurde es langsam zu viel mit der vielen Traurigkeit. *„Luise, lass uns doch Fangen spielen, ich fliege weg und du musst mich fangen!"*
Luise wischte sich die Tränen von der Backe und krabbelte auf Kä-Fer zu. Ja, zusammen spielen war bestimmt eine gute Lösung.
„Na warte, gleich hab ich dich!", rief sie. Kä-Fer machte sich zum Abflug bereit.
„Fang mich doch, fang mich doch!", rief er neckend.

Mama ist weg und kommt wieder

Mit der Zeit vergaß Luise ihren Papa immer mehr. Opa ging oft mit ihr auf den Spielplatz, da tobten sie beide um die Wette oder buken wundervolle Torten aus Sand. Opa mochte ihre roten Haare, die sie von Papa geerbt hatte, er fuhr ihr oft liebevoll über den Kopf und sagte: „*Na, du kleiner Rotschopf.*"

Luise malte auch gerne, aber als sie mit ihren Stiften die Wände anmalte, schimpfte Opa sehr mit ihr. Aber sooo schlimm fand Luise das nicht.

Viel schlimmer fand sie, dass Mama Jutta immer noch so viel Bier und Schnaps trank, und immer öfter trank Opa mit. Dann wurde es laut in der Wohnung, und Luise zog sich die Decke über den Kopf, um nicht hören zu müssen, wie die beiden schrecklich laut und schief sangen oder noch lauter miteinander stritten.

Eines Tages, Luise war jetzt schon drei Jahre alt, war Mama Jutta weg und Luise kam zu Uschi und Dieter. Dieter war ein Onkel von ihr, und er und Uschi hatten selbst drei Kinder, eins davon war so alt wie Luise. Luise wusste nicht, warum sie zu Uschi und Dieter kam und was geschehen war. Sie hatte große Angst um ihre Mama, und sie hatte nur Kä-Fer, der sie tröstete.

„Mama Jutta ist nur für kurze Zeit weg", erzählte er, *„sie kommt bald wieder."*
„Aber wo ist sie?", fragte Luise.
„Sie hat für ihr Bier im Laden nicht bezahlt, und man hat sie für ein paar Tage eingesperrt. Deswegen bist du jetzt bei Uschi und Dieter."
Obwohl sie Dieter eigentlich nicht leiden konnte und auch etwas Angst vor ihm hatte, war Luise doch froh, dass sie nicht bei ganz fremden Menschen war. Und wirklich, nach ein paar Tagen kam Mama wieder. Luise war glücklich und sie nahm sich vor, es nicht mehr so schlimm zu finden, wenn Mama zu viel Bier trank. Hauptsache, sie konnte bei ihr bleiben.

Mama ist für immer weg

An einem sonnigen Morgen saß Luise schon ganz früh am Tisch und malte, sie konnte nicht mehr schlafen. Kä-Fer guckte ihr bewundernd zu, seine Luise konnte toll malen!
„Bald wirst du fünf. Freust du dich schon?"
Luise nickte, natürlich freute sie sich auf ihren Geburtstag.
Ob sie wohl Geschenke bekam? Vielleicht etwas Süßes, sie naschte für ihr Leben gern.

„Ob die Gruppe im Kindergarten beim Morgenkreis ein Lied für mich singt?“, überlegte sie und kaute versonnen an ihrem Buntstift.
In den Kindergarten ging Luise gerne, besonders Christiane mochte sie sehr. Christiane war die Chefin, und sie fragte Luise oft, wie es ihr gehe und ob sie alles bekäme, was sie brauche. Luise nickte dann immer. Na klar, sie hatte nicht so viel Spielzeug und so schöne Anziehsachen wie die anderen Kinder. Manchmal war Luise ein bisschen neidisch, aber eigentlich war es ihr egal. Hauptsache, sie war bei Mama, sie musste doch auf sie aufpassen.
Luise stand auf und schlich sich in Mamas Zimmer, um noch ein bisschen mit ihr im Bett zu kuscheln. Das machte sie oft, und Mama mochte es gerne.
Doch irgendetwas war heute anders als sonst, Mama war gar nicht so schön kuschelig und warm. Sie war ganz steif und kalt. Luise zupfte und zog an Mama.
„Mama, Mama wach auf. Wach sofort auf!“
Sie wurde immer lauter und verzweifelter. Aber Mama rührte sich nicht.
Da lief Luise zu Opa und weckte ihn. Zusammen gingen sie wieder in Mamas Zimmer. Opa sah Mama nur kurz an. Dann fasste er sich an die Brust. Er konnte kaum richtig sprechen.

„Deine Mama ist tot, Luise."
Luise konnte nicht mehr denken, sie bekam keine Luft. Sie fühlte sich innen ganz leer und ging in ihr Zimmer. Dort nahm sie sich Igel und weinte bitterlich.

Wieder bei Uschi und Dieter

Luise konnte sich nicht mehr erinnern, was dann geschah. Nur, dass sie mit einem Feuerwehrauto in die Kita gefahren wurde und dass Christiane heute besonders lieb zu ihr war. Aber das konnte sie auch nicht trösten. Am Nachmittag wurde sie von Uschi abgeholt.
Abends lag sie in ihrem Bett in der Wohnung von Uschi und Dieter und konnte nicht einschlafen. Sie hatte so viele Fragen. Kä-Fer setzte sich auf ihr Kopfkissen und versuchte sie zu trösten.
„Warum ist Mama tot?" Luise konnte es einfach nicht fassen.
„Deine Mama hat außer Bier und Schnaps auch Tabletten genommen, immer mehr, weil sie so krank war. Gestern Abend war es von allem zu viel, zu viel Bier, zu viel Schnaps und zu viele Tabletten, da hat ihr Herz einfach aufgehört zu schlagen."
„Aber sie kann mich doch nicht allein lassen." Luise war verzweifelt, hatte Angst; sie vermisste ihre Mama so sehr!
Kä-Fer versuchte sie zu beruhigen.

„Luise, wir finden einen Weg, lass uns erst mal gucken, wie es bei Uschi und Dieter ist.“

Zwei Monate später war Luise immer noch tieftraurig und vermisste ihre Mama immer noch sehr, denn bei Uschi und Dieter zu leben war nicht schön. Oft träumte sie von Mama, und wenn sie dann aufwachte, war ihr Bett ganz nass. Dieter durfte das nicht merken, denn sonst nahm er sie hoch und schüttelte sie vor lauter Wut oder haute sie ganz doll auf den Po.
„Warum pinkelst du das Bett voll, du bist doch schon groß. Im nächsten Jahr kommst du in die Schule, da lachen dich die anderen Kinder aus.“
Manchmal musste sie die ganze Nacht im nassen Bett liegen bleiben. Das war eklig und kalt. Aber Luise war das egal: die Schule, die anderen Kinder, sogar das nasse Bett. Einmal, als sie im Traum wieder ihre Mama sah, schrie sie ganz laut.
„Mama, Mama geh nicht weg!“ Sie stand auf und verließ das Kinderzimmer, um ihre Mutter festzuhalten.

Da kam Dieter und schimpfte mit ihr, weil sie die anderen Kinder geweckt hatte. Von da an haute er sie, wenn sie dann wieder das Bett nass machte. Uschi und die anderen Kinder, die aufgewacht waren, guckten dabei zu. Luise fühlte sich so einsam wie noch nie in ihrem Leben. Niemand hatte sie lieb.

Die Klingel für verlassene Kinder

„*Warum muss ich bei denen leben?*", fragte sie eines Tages Kä-Fer, der bedrückt neben ihr saß. „*Warum nicht bei meinem Papa oder bei Opa?*"

„*Dein Papa hat eine neue Frau, sie haben beide keine Zeit für ein Kind. Aber er kommt dich besuchen*", versuchte Kä-Fer zu trösten. „*Und bei Opa kannst du nicht leben, weil er zu alt ist für ein kleines Kind.*"

„*Aber hier will ich auch nicht bleiben*", sagte Luise trotzig und fühlte, wie sie wütend wurde.

Kä-Fer nickte. Er war froh, dass Luise endlich mal wieder etwas anderes als traurig war. Da war ihm Wut doch gleich viel lieber.

„*Das wäre auch nicht gut für dich, du musst so schnell wie möglich hier weg. Lass uns heute Nacht zur Himmelsrutsche gehen, vielleicht kann Mutter Erde uns helfen.*"

Luise ballte die kleinen Fäuste und lächelte entschlossen.

„*Ja, Kä-Fer, das machen wir!*"

Und so machten sich die beiden nachts um 12 Uhr 12 auf den Weg zur Himmelsrutsche.

Mutter Erde kam polternd die Himmelsrutsche herunter gerutscht.
„Oh, hallo Luise und Kä-Fer“, sagte sie, *„kann ich Euch helfen?“*
„So will ich nicht weiter auf der Welt leben.“
Luise guckte Mutter Erde trotzig an, und Mutter Erde nickte verständnisvoll.
„Na, kommt erst mal mit nach oben. Dann besprechen wir alles in Ruhe mit dem Rat der Weisen.“
Alle drei rutschten auf der Himmelsrutsche nach oben, wie man es nur auf der Himmelsrutsche kann.

Der Rat der Weisen

Der Rat der Weisen bestand aus erfahrenen Kobolden, Zwergen, Feen und Elfen. Er traf sich am großen, runden, sonnengelben Beratungstisch im Himmelsbüro. Die Weisen hörten sich den Bericht von Luise und Kä-Fer an und beratschlagten, was in diesem Fall zu tun sei.
Nelli, die kleine Fee, eilte in ihrem grünen Kleid mit den aufgestickten Goldsternchen zu Luise und nahm sie liebevoll in den Arm. Ihre dunklen Locken kitzelten Luise in der Nase und sie musste niesen.
„Vorsicht, du pustest mich ja weg“, lachte Nelli mit ihrem glockenhellen Stimmchen und rückte ihr grünes Stirn-

band zurecht. Dann wurde sie wieder ernst.

„Es tut mir so leid, Luise. Es muss furchtbar sein, wenn die Mama stirbt."

Luise schluckte. *„Ja, es ist schlimm."*

Aber dann lächelte sie die Fee an. „Aber es tut auch gut, endlich getröstet zu werden. Auf der Erde hat mich niemand getröstet. Außer Christiane in der Kita ein bisschen, aber die muss sich ja auch noch um all die anderen Kinder kümmern."

„Ich habe dich auch getröstet", meldete sich Kä-Fer aus der hinteren Reihe. Er war etwas eingeschnappt. Luise und wandte sich Kä-Fer zu.

„He, komm mal her zu mir."

Kä-Fer pumpte sich kurz auf, kam angesurrt und setzte sich auf Luises Schulter.

„Ich weiß doch, dass du immer für mich da bist, Kä-Fer."

„Schön und gut", meldete sich nun Kobold Hugo, der Zögerer und Zauderer. Er trug die grasgrüne Jacke der Ältesten und war ziemlich stolz darauf.

„Trösten ist wichtig, wenn man traurig ist, aber wir müssen auch überlegen, wie es weitergehen soll."

Zwerg Jonas rümpfte seine große Nase.

„Uschi und Dieter sind auf jeden Fall nicht die richtige Lösung, die haben ja gar kein Verständnis für Luise."

Kobold Klaus nickte, zog seine geringelte Zipfelmütze vom Kopf und kratzte sich ausgiebig.
„Verstehen, trösten können, lieb haben – wir brauchen für Luise jemanden, der das alles kann."
Zwerg Jonas legte einen Finger an die Nase, dabei konnte er immer am besten nachdenken.
„Das riecht nach einer neuen Mama, die auch ein fremdes Kind lieb haben könnte."
Luise nickte.
„Mir würde eine Mama schon reichen, einen Papa habe ich ja."
Luise wandte sich an Mutter Erde. „Gibt es auch nur Mamas in deinen Elternbüchern?"
Mutter Erde griff zu den Büchern.
„Ich habe viele verschiedene Elternbücher, und eins ist dabei, voll mit Mamas." Sie zog eins aus dem Stapel. *„Hier ist es, lasst es uns gemeinsam Seite für Seite angucken."*
Alle setzten sich um das Buch herum und Mutter Erde fing an zu blättern.
Nach einer Weile rief Luise: *„Hier, die gefällt mir. Die sieht nett aus. Was steht denn da?"*
Mutter Erde las für alle laut und deutlich vor.
„Friederike lebt allein und wünscht sich auch keinen Partner, aber ein Kind. Am liebsten ein Mädchen mit roten Haaren. Das hat sie einer weisen Frau unter einem Yallow-Baum ver-

raten, als sie auf einer Reise durch Afrika war.“
„Was ist ein Yallow-Baum?“, fragte Kä-Fer verwundert.
„Das ist ein riesiger, heiliger Baum, der nur in Afrika wächst. Darunter sitzen weise Frauen oder Männer, zu denen die Menschen kommen und ihnen ihre Wünsche anvertrauen“, antwortete Mutter Erde. *„Manchmal gehen die Wünsche in Erfüllung.“* Mutter Erde zwinkerte Luise zu. *„Mir scheint, sie wartet schon auf dich, Luise.“*

Fee Nelli zog Luise an den roten Zöpfen und rief: *„Ja, Friederike wartet auf dich, auf dich, nur auf dich!“*
Sie schwirrte kichernd durch den Raum, und die anderen Kobolde und Zwerge sprangen und hopsten aufgeregt durcheinander. Luise war beinahe glücklich, und sie merkte, dass es schon ganz lange her war, seit sie sich zuletzt so gut gefühlt hatte.

Wer hat Luise für immer lieb?

Friederike saß auf ihrem Lieblingssessel in ihrer Wohnung und träumte vor sich hin. Sie dachte an die schöne Zeit in Afrika. Da klingelte das Telefon. Ihre Freundin Christiane aus der Kita rief an.
„Hallo, was gibt es denn?“, fragte Friederike freundlich.
Christiane sprudelte sofort los.

„Bei uns in der Kita ist ein kleines Mädchen, das seine Mutter verloren hat und nun bei Verwandten lebt. Aber es geht ihr nicht gut dort. Ich habe schon das Jugendamt eingeschaltet, wir suchen für Luise eine Pflegemutter. Da dachte ich an dich, du wünschst dir doch ein Kind, oder?“
Friederike schlug auf einmal das Herz bis zum Hals.
„Ja, natürlich. Wie sieht denn Luise aus, was passierte mit ihr?“, rief sie aufgeregt in den Hörer.
„Sie ist ein kräftig gebautes Mädchen mit schönen roten Zöpfen bis zum Po. Was ihr passierte, erzähle ich dir am besten hier in der Kita. Hast du morgen Zeit?“
Natürlich hatte Friederike Zeit, alles andere war unwichtig. In dieser Nacht konnte sie kein Auge zutun, so aufgeregt war sie.

Am nächsten Tag besuchte Friederike Luise und Christiane in der Kita. Es war Frühstückszeit und Luise schmierte sich gerade ein Wurstbrötchen.
„Wollen wir was zusammen spielen?“, fragte Friederike.
„Nee“, antwortete Luise. Aber kurze Zeit später kam sie mit einem Auto wieder, das sie vorsichtig in Richtung Friederike schob. Friederike schob es zurück, und so ging es hin und her. Es machte Luise Spaß, aber irgendwie konnte sie dabei nicht aufhören, ein bisschen zu schmol-

len. Irgendwann stand Friederike auf.
„Kann ich dich morgen wieder besuchen kommen?"
Luise nickte.
Abends besprach sie alles mit Kä-Fer.
„Sie gefällt mir ja ganz gut, aber ich muss mich erst daran gewöhnen, dass ich vielleicht eine neue Mama bekomme", sagte sie zu ihrer Elfe.
„Nimm dir die Zeit, die du dafür brauchst, Luise", antwortete Kä-Fer.
Luise schloss die Augen. In dieser Nacht träumte sie von Friederike, und es war ein schöner Traum.

Am nächsten Tag war es kalt, der erste Schnee fiel langsam und in großen Flocken auf die Erde. Friederike und Luise gingen trotzdem zum Spielplatz. Luise wollte nämlich unbedingt rutschen. Das erinnerte sie immer an die Himmelsrutsche.
Aber als sie die Leiter hochkletterte, rutschte sie aus und fiel runter. Sofort war Friederike bei ihr und tröstete sie.
„Hast du dir weh getan?", fragte sie besorgt.
Luise schüttelte den Kopf, sie biss die Zähne zusammen und musste dann doch plötzlich weinen. Aber nicht weil sie gestürzt war, es war wegen etwas ganz anderem, Luise wusste nicht so genau, wie sie es nennen sollte. Aber

von nun an musste Friederike immer „trösten“ mit Luise spielen. Luise warf sich hin und „tat sich weh“, und Friederike musste sie dann in den Arm nehmen. Friederike konnte wundervoll trösten.

Ein paar Tage später setzte sich Luise in die Drehkugel auf dem Spielplatz und fing an sich zu drehen.
„Warum kommst du immer?“ fragte sie, und blinzelte mit den Augen. Eine Träne hatte sich eingeschlichen. Sie konnte Friederike nicht ansehen, vielleicht wollte Friederike sie ja jetzt nicht mehr.
„Ich wünsche mir ein Kind, ein kleines Mädchen. Und du könntest genau die Richtige sein“, antwortete Friederike. Nun hatte auch sie Tränen in den Augen.
Luise hörte auf sich zu drehen.
„Muss ich mir noch überlegen“, antwortete sie und sah Friederike herausfordernd an. Friederike nickte.
„Ich habe Zeit, Luise.“

Abends kam Kä-Fer wieder in ihr Bettchen. Luise winkte ihn ganz nah an ihr Ohr heran.
„Ich glaube, dass ich Friederike fast so lieb haben könnte wie Mama“, sagte sie zu ihm und Kä-Fer antwortete: *„Ich wünsche mir so sehr, dass du wieder glücklich wirst.“*

Luise hat es geschafft!

Danach besuchte Luise Friederike ein paar Mal, auch über Nacht. Sie fühlte sich sehr wohl bei ihr, und sie wünschte sich mehr und mehr, für immer dort bleiben zu können. Eines Tages brachte Papa sie zu Friederike, er wollte sehen, ob Luise es gut bei ihr hatte und war zufrieden. Nun musste sie nie mehr zu Uschi und Dieter zurück.

Ein paar Wochen später war Sylvester, ein altes Jahr hörte auf, ein neues begann, Luise und Friederike sahen sich zusammen das Feuerwerk an und hörten es knallen. Luise saß auf Friederikes Schoß in deren Lieblingssessel und hatte das neue Kleid an, das Friederike ihr geschenkt hatte. Es war wunderschön, rot-blau-weiß-kariert mit einem großen, weißen Kragen. Dazu trug sie Lackschuhe. Die Zöpfe hatte Friederike ihr auch geflochten.
Luise kuschelte sich noch etwas näher an Friederike heran, die ihr über den Rücken streichelte.
„Luise, da oben im Himmel ist deine Mama und freut sich, dass es dir gut geht. Sie wird dich immer beschützen, das weiß ich."
Friederike guckte aus dem Fenster in den weiten Himmel hinein. Plötzlich stutzte sie und lachte.
„Das kann ja nicht wahr sein, mitten im Winter sitzt dort ein

Marienkäfer am Fenster!"

„Ja, ich weiß, das ist mein Freund."

Auch Luise musste lachen und zwinkerte ihrem Kä-Fer zu.

Kä-Fer pumpte sich auf und flog zwei wunderschöne, elegante Kreise, bevor er sich auf den Weg zu Mutter Erde machte, um zu berichten, dass Luise es geschafft hatte.

George

George

George hat Sehnsucht

Gras-Hüpf zirpte laut in den Tag hinein, indem er seine braunen Hinterbeine schnell aneinander rieb. Sein grüner Bauch bebte dabei und sein Flügel zuckten im Takt. Sternchen George sah ihm fasziniert zu.

„Gras-Hüpf, wie machst du das nur?“

In seiner Stimme schwang Bewunderung mit.

„Ganz einfach für mich“, erwiderte Gras-Hüpf stolz und hüpfte auf eine von Georges Sternenzacken. Der sah nach oben, aber schon war Gras-Hüpf wieder runter gehüpft, wackelte mit den Fühlern und sah George mit seinen Knopfaugen liebevoll an.

„Wir Elfen können eine ganze Menge.“

Er zählte alles auf, was ihm einfiel.

„Fliegen, surren, zirpen, hüpfen, ... aber leider können wir eins nicht: Wir können niemals kleine Menschen werden.“

„Ja, das stimmt. Das können nur die Sternchen.“ George wurde nachdenklich.

Jedes der Millionen Sternenkinder am Himmelszelt durfte irgendwann auf der Himmelsrutsche auf die Erde hinunter rutschen und ein kleiner Mensch werden. Auf der Erde sagt man „Kinder“ zu den kleinen Menschen.

„Weißt du, wann ich rutschen darf?“, fragte George seine kleine Elfe, die immer für ihn da war und ihn beschützte, auch wenn er ein kleiner Mensch werden würde.

„Wenn du die Sehnsucht in dir spürst.“

Gras-Hüpf hörte mit dem Zirpen auf und sah George gespannt an.

„Fühlst du manchmal Sehnsucht?“

George überlegte.

„Ja, ich glaube schon. Auf jeden Fall würde ich wahnsinnig gerne die Welt kennen lernen. Weißt du, im Himmel finde ich es manchmal langweilig“, gestand er seiner kleinen Elfe.

„Das trifft sich gut!“

Gras-Hüpf hüpfte ein paar Mal hin und her.

„Ich bin auch schon ganz ungeduldig und möchte so gerne die Welt mit dir entdecken.“

Das Himmelsbüro

Im Himmelsbüro war wie immer ein heilloses Durcheinander. Kobolde, Zwerge, Feen und Elfen flatterten, flogen und rannten über die Wolken, jeder mit seiner Aufgabe betraut. Die kleinen Sternen-Elfen hatten jederzeit Zutritt zum Himmelsbüro, sie mussten ja schließlich Bescheid sagen, wenn ihre Sternchen bei irgendetwas Hilfe brauchten oder wenn sie die Sehnsucht bekamen.
Mutter Erde saß an ihrem himmelblauen Schreibtisch und blätterte in einem der dicken Bücher, die sich links und rechts vor ihrem Schreibtisch bis in die nächste Wolkenschicht hinauf stapelten.

Gras-Hüpf landete mit einem lauten „Plopp" direkt auf einem der dicken Elternbücher. Mutter Erde zuckte zusammen.
„*Hab ich mich erschreckt*", schimpfte sie, „*kannst du nicht leiser hüpfen?*" Sie überlegte kurz. „*Oder wie wäre es mit fliegen, wie die anderen Elfen, und sanft landen?*"
Gras-Hüpf trippelte verlegen von einem seiner sechs Beine aufs andere. Er hüpfte nun mal so gerne. Das machte viel mehr Spaß als das alberne Fliegen.
Aber Mutter Erde hatte sich schon wieder beruhigt und fing an zu lachen.

„Du passt so wunderbar zu George, der hat ja auch Hummeln im Hintern." Sie hielt sich erschrocken die Hand vor den Mund. *„Aber nicht Hum-Mel weitersagen"*, flüsterte sie und sah Gras-Hüpf beschwörend an.
„Aber du hast Recht, Mutter Erde", lachte nun auch Gras-Hüpf. *„George ist doch etwas Besonderes, er ist so neugierig und kann einfach nicht still sitzen. Und deshalb passt er auch so gut zu mir."*
Gras-Hüpf war sehr stolz auf sein Sternchen.

Mutter Erde wandte sich wieder ihren Elternbüchern zu. *„Es wird nicht einfach sein, passende Eltern für ihn zu finden. Hat er denn schon Sehnsucht?"*
„Deswegen bin ich hier", erwiderte Gras-Hüpf und kratzte sich dabei mit einem Hinterbeinchen am Flügel. *„Ich glaube, dass der richtige Zeitpunkt für ihn gekommen ist."*
„Na, warum stehst du dann hier rum? Hüpf los und hole ihn!"
Mutter Erde scheuchte Gras-Hüpf mit der Hand weg und wandte sich wieder ihren Büchern zu. Da war die kleine Elfe schon mit einem großen Satz nach draußen gesprungen.

George darf rutschen

George saß auf seiner Wolke, schaukelte mit den Beinen und langweilte sich. Ohne Gras-Hüpf wusste er nicht so recht, was er machen sollte. Die Elfe hatte immer so lustige Ideen, sie spielten Einkriege-Hüpf oder übten Luft-Kabolz. Beiden machte es riesig Spaß, wenn sie sich nur irgendwie bewegen konnten.

„George, du sollst zu Mutter Erde kommen. Ich glaube, wir dürfen rutschen!“, kam Gras-Hüpf mit großen Sprüngen durch die Wolke angesaust.

George wurde ganz aufgeregt, sprang auf und versuchte, mit Gras-Hüpf mitzuhalten, der schon wieder zum Himmelsbüro zurückeilte.

Im Himmelsbüro setzte George sich auf einen der Sternenkinderstühle und sah Mutter Erde strahlend an.

„George“, sagte Mutter Erde, *„ich weiß von Gras-Hüpf, dass du Sehnsucht hast, ein kleiner Mensch zu werden. Das heißt, ich muss die passenden Eltern für dich finden.“*

George war gespannt wie ein Flitzebogen und musste sich auf seine Hände setzen, um nicht wie Gras-Hüpf auf Händen und Füßen durch die Gegend zu hüpfen wie ein Gummiball.

„Aber ich glaube“, fuhr Mutter Erde fort, *„ich habe sie schon gefunden.“*

George und Gras-Hüpf sprangen auf.
„Toll, dann geht's endlich los!"
George wollte sofort zur Rutsche laufen, aber Mutter Erde hielt ihn und Gras-Hüpf noch zurück.
„Halt, nicht so schnell."
Mutter Erde hob die Hand und bedeutete beiden, sich wieder zu setzen.
„Manchmal ist es nicht der richtige Zeitpunkt."
„Was heißt denn das?", fragte George neugierig und rutschte auf seinem Sternenkinderstuhl hin und her.
„Nun ja, sagen wir mal", Mutter Erde zögerte, *„sagen wir mal, manche Eltern wünschen sich Kinder und wenn sie dann da sind, wissen sie nichts mit ihnen anzufangen."*
„Das glaube ich nicht", entgegnete George, *„da kann man doch nichts falsch machen, oder?"*
Er blickte Mutter Erde treuherzig an, und Mutter Erde wurde traurig.
„Doch George, man kann viel falsch machen mit kleinen Kindern."
George wurde es mulmig im Bauch. Was konnte denn das sein? Er guckte Gras-Hüpf fragend an, aber der zuckte auch nur mit den Schultern.
Mutter Erde strich George liebevoll über den Kopf.
„George, wenn du aus irgendeinem Grund fühlst, dass es nicht

in Ordnung ist, was du auf der Welt erlebst, hast du die Möglichkeit, hierher zurückzukommen.“

„Und wie geht das?“

„An der Himmelsrutsche gibt es die Klingel für verlassene Kinder. Dort musst du nachts um 12 Uhr 12 klingeln. Dann komme ich und versuche dir zu helfen.“

George wurde sofort wieder fröhlich.

„Na, dann ist ja alles halb so schlimm.“

Voller Vorfreude – es kribbelte in seinem Bauch - zwinkerte er Gras-Hüpf zu.

„Komm Kumpel, die Welt wartet auf uns!“

Dann stürmte George los. Er hatte ganz vergessen, sich von Mutter Erde zu verabschieden.

Mutter Erde sah den beiden nachdenklich hinterher, als sie hüpfend und lachend zur Himmelsrutsche rannten.

„Ich will als Erster!“, rief George übermütig und sauste direkt in den Bauch seiner Menschenmutter.

In Mamas Bauch

Es ist schön warm im Wasser und es macht Spaß, im Bauch getragen zu werden, dachte George, aber irgendwie ist es auch eng, ich kann mich gar nicht richtig bewegen, und er boxte mit seinen kleinen Armen und Beinen

gegen den Bauch. Es dauerte nicht mehr lange, da wurde er mit aller Kraft nach draußen gepresst.
Sofort blickte er sich neugierig um. Seine Mutter Sabine hielt ihn in ihren Armen, und viele Menschen blickten auf ihn herab.
„*Willkommen auf der Welt, George*“, sagte seine Mutter. „*Schau, das ist dein Papa Sam, und das sind deine Geschwister, Felix und Sabrina.*“
George musste grinsen, sein Papa hatte eine ganz dunkle Haut und seine Geschwister eine ganz helle. Wie er wohl selbst aussah?

Papa und Felix sind weg

George war jetzt schon drei Monate auf der Menschenwelt, und er machte sich Sorgen um seinen größeren Bruder Felix. Er hörte ihn oft von Weitem laut schreien. Danach kam Papa immer mit Felix und dem grässlichen Hund ins Kinderzimmer. Papa warnte Felix.
„*Du weißt, was passiert, wenn du was erzählst …*“
Dann ging er aus dem Zimmer. Felix schluchzte in seine Kissen.
George verstand das alles nicht. Und plötzlich war Felix nicht mehr da und Papa auch nicht.
„*Weißt du, wo Felix ist, Gras-Hüpf?*“, fragte George seine

kleine Elfe. Er lag in seinem Bettchen und fühlte sich allein ohne Felix. Auch Papa fehlte ihm, obwohl er immer ein bisschen Angst vor ihm hatte, besonders, wenn Papa ihm ein Kissen auf den Kopf legte, wenn er schrie und Hunger hatte. George zögerte etwas.

„Und wo ist Papa?“

Gras-Hüpf war wütend, und so bebte auch sein kleines Stimmchen.

„Sei froh George, dass der weg ist. Deine Mama ist zur Polizei gegangen, weil er Felix ganz doll wehgetan hat und dann haben sie ihn eingesperrt.“

George überlegte. Ja, wenn das so war, dann war er irgendwie wirklich froh, dass Papa Sam weg war. Außerdem brauchte er dann auch keine Angst mehr vor dem Kissen zu haben.

„Aber wo ist Felix?“

„Er ist in einem Kinderheim an der Nordsee, weil deine Mama Felix nicht vor Sam beschützen konnte. Das Jugendamt hat entschieden, dass es so am besten ist.“

George wurde sehr traurig, weil Felix ganz allein weggeschickt worden war, aber Gras-Hüpf tröstete ihn.

„Dort hat er ein kleines Pferd für sich und ganz liebe Menschen, die sich um ihn kümmern.“

George verstand das trotzdem nicht.

„Warum konnte Mama Felix nicht beschützen, sie ist doch groß?“

Gras-Hüpf nickte.

„Groß ist sie, aber im Herzen ist sie noch ganz klein. Sie ist selbst noch wie ein Kind. Deswegen verliebt sie sich oft in große und starke Männer. Eigentlich möchte sie selbst noch ein bisschen beschützt werden.“

George rutschte unter die Decke und zog sie hoch über den Kopf. Wenn Mama Felix nicht helfen konnte, konnte sie denn dann überhaupt ihn und Sabrina beschützen? Er dachte an Felix und war ein kleines bisschen neidisch. Ein eigenes Pferd, Felix hatte es gut!

„Wenn ich größer bin, möchte ich auch eins haben“, dachte er und schlief ein.

Der neue Papa

Drei Monate später zog Theo bei ihnen ein. Theo war jetzt der neue Papa von George und Sabrina. Er kümmerte sich um die beiden Kinder und den Hund, denn Mama Sabine musste arbeiten gehen.

Nur, mit dem Kümmern klappte das nicht so, wie es hätte sein müssen, fand George. Theo schlief oft ganz lange, und dann stand Sabrina schon mal auf und versuchte,

Brote zu schmieren. Gut ging das nicht, sie war ja noch nicht mal vier Jahre alt. Manchmal schnitt sie sich mit dem Messer und George bekam oft gar nichts zu essen, oder manchmal nur kalten Brei.
Das machte ihm eigentlich nicht viel aus, denn er hatte viel mehr Angst davor, dass Theo ihm den Mund zuhielt und den Hals zudrückte, wenn er schrie. Besser, er hatte Hunger und schrie nicht mehr. Oft weinte er heimlich in sein Schmusekissen, das er „Einiza“ nannte. Dann fühlte er sich sehr einsam und verlassen auf dieser Welt.

George wurde immer stiller, blasser und dünner. Mama Sabine kümmerte sich gar nicht mehr um ihn. Da erinnerte er sich an die Worte von Mutter Erde. *„Man kann viel falsch machen mit kleinen Kindern.“*
Langsam verstand George ein wenig, was sie damit gemeint hatte, und wurde sehr traurig. Er sehnte sich so sehr nach Eltern, die ihn wirklich lieb hatten, und das Gefühl breitete sich aus, dass seine Eltern vielleicht gar nicht die richtigen für ihn waren. Auch Gras Hüpf machte sich große Sorgen um seinen George. *„Wenn nicht bald etwas passiert, dann müssen wir zurück zur Himmelsrutsche“*, nahm er sich vor. Und dann passierte etwas.

George kommt in den Kindergarten

Es klingelte an der Tür vom Kindergarten. Angelika drückte auf den Türöffner, aber niemand kam herein. Sie schüttelte den Kopf und ging nach draußen, um nachzusehen. Da stand Theo, der Sabrina wie immer an der Hand hatte. Auf seinem Rücken hatte er eine Art Kiepe, und daraus guckte ein kleiner Mensch, mit riesigen, braunen Augen und schöner hellbrauner Haut. Er guckte Angelika ernst an.

„*Das ist George*“, sagte Theo, „*er soll jetzt auch in den Kindergarten, hat Sabine gesagt.*“

Angelika überlegte.

„*In die Gruppe von Sabrina kann er aber nicht, sie ist ja schon vier Jahre alt. Wie alt ist denn George?*“

„*In zwei Monaten wird er ein Jahr.*“

Theo setzte die Kiepe ab, holte George raus und übergab ihn Angelika. Sie lächelte George an. Der Kleine war wunderhübsch, fand sie, und ehe sie sich versah, hatte sie ihn schon lieb gewonnen.

„*Komm, Kleiner, wir finden schon einen Platz für dich bei uns im Kindergarten.*“ George lächelte zurück, Angelika gefiel ihm. Sie hatte ganz kurze, rote Stoppelhaare, ein lustiges Gesicht und seidenweiche Haut, so richtig zum schmusen.

Aber im Kindergarten saß George die meiste Zeit still auf einem Platz und guckte den anderen Kindern zu. Einiza, sein Schmusekissen, war immer mit dabei. Er war ganz zufrieden, niemand tat ihm hier etwas, und er bekam auch genug zu essen. Wenn er nur immer hier bleiben könnte! Was geschah, wenn er abends nah Hause kam, daran dachte er besser nicht. Er drückte sein Gesicht ganz tief in Einiza hinein und schluckte die Tränen hinunter. Angelika beobachtete ihn und machte sich ihre Gedanken. Was ist bloß mit dem Jungen los, dachte sie. Irgendetwas stimmt nicht!

So hat sich das George nicht vorgestellt!

Gras-Hüpf schöpfte etwas Hoffnung, weil sich jetzt jemand um George kümmerte. Vielleicht würde George jetzt auch wieder etwas fröhlicher werden. Einen Versuch war es immerhin wert.

„Mann, Kumpel, was ist, wollen wir nicht mal wieder Einkriege-Hüpf spielen?“

„Ach nein, Gras-Hüpf. Theo hat mir wieder wehgetan, ich mag mich gar nicht bewegen.“ George sah ihn traurig an. *„Und Mama Sabine beschützt mich nicht, genau wie bei Felix. Sie ist ja kaum zu Hause und weiß gar nicht, was Theo mit mir macht.“*

George guckte auf seine kleinen Hände, und vor lauter Kummer fing er an, leise zu weinen.
„Ach, Gras-Hüpf, so habe ich mir die Welt nicht vorgestellt. Was kann ich nur tun?“
Gras-Hüpf zirpte aufgeregt.
„Die Klingel für verlassene Kinder, George. Vielleicht kann uns ja Mutter Erde helfen!“
Da leuchteten Georges Augen auf, wie schon lange nicht mehr, und er wischte sich die Tränen von den Wangen.
„Daran habe ich gar nicht mehr gedacht!“
Er überlegte kurz. „Heute Nacht um 12 Uhr 12, Kumpel“, flüsterte er. Und dann lachte er kurz sein altes, übermütiges Lachen.

Die Klingel für verlassene Kinder

Mutter Erde kam polternd die Himmelsrutsche herunter gerutscht.
„Oh, hallo George und Gras-Hüpf“, sagte sie, *„kann ich Euch helfen?“*
George sprach sehr leise, das hatte er sich auf der Welt angewöhnt.
„Es ist nicht das, was ich mir gewünscht habe.“
Mutter Erde nickte verständnisvoll. Ja, so was kam leider öfter vor, als ihr lieb war.

„Na, rutscht erst mal mit auf der Himmelsrutsche nach oben. Dann besprechen wir alles mit dem Rat der Weisen."

Der Rat der Weisen

Der Rat der Weisen bestand aus erfahrenen Kobolden, Zwergen, Feen und Elfen, und er traf sich am großen, runden, sonnengelben Beratungstisch im Himmelsbüro. Die Weisen hörten sich den Bericht von George und Gras-Hüpf an. Dann beratschlagten sie, was zu tun sei.

Zwerg Jonas mit der großen Nase donnerte mit der Faust auf den Tisch, so dass alle anderen erschrocken aufblickten.

„Das ist eine Schweinerei, was man auf der Erde alles mit kleinen Kindern anstellt!"

Die anderen nickten. Die kleine Fee Lilli, die ein wunderschönes blaues Gewand und eine Glockenblume als Kopfschmuck trug, legte ihm besänftigend ihren Zauberstab auf die Schulter.

„Du hast Recht, da kann man wirklich wütend werden. Trotzdem solltest du dich wieder beruhigen. Wir müssen für George eine Lösung finden."

„Ja, durch Faustschläge auf den Tisch verändert sich nichts", sagte Kobold Klaus auf seine altkluge Art und mit einem Seitenblick auf Zwerg Jonas. Hugo, der Kobold in der

grasgrünen Jacke überlegte laut.
„Mal sehen, was haben wir denn alles für Möglichkeiten? Schutzengel, Kurzpflegeeltern, Heime wie das für Felix, ...“ Er zählte alles an den Fingern ab. *„Gibt es noch etwas anderes?“*
George bekam es mit der Angst.
„Aber ich will nicht zu Menschen, die ich nicht kenne“, schluchzte er. Mutter Erde seufzte laut.
„Das würde auch nichts bringen, du hast so viel Schlimmes erlebt und ich kann für die Eltern aus meinen Büchern leider nicht garantieren. Mal passt es, mal passt es nicht.“
Alle schwiegen betreten, während George leise weinte.
Da machte Gras-Hüpf einen großen Satz mitten auf den Beratungstisch.
„Jetzt hört alle mal her, ihr blöden Weisen!“, rief er aufgeregt. *„Ich lasse es auf gar keinen Fall zu, dass George noch einmal zu dummen und bösen Menschen kommt!“*
Dabei sah er in die Runde und fing an, wütend zu zirpen.
„Ich glaube, ich habe eine Idee“, kam es zögernd von Fee Lilli. *„Wie wäre es mit einem Zauber?“*
Die Runde guckte erstaunt.
„Was meinst du damit?“, fragte George hoffnungsvoll.
„Du magst doch Angelika, oder?“, antwortete Lilli sanft. George nickte heftig.

„Und wenn ich sie nun verzaubere, damit sie sich in dich verliebt?“

George dachte nach.

„Vielleicht muss man sie gar nicht viel verzaubern, nur ein kleines bisschen. Ich glaube, sie mag mich auch so schon.“

Mutter Erde nahm die kleine Fee auf ihre Hand und lobte sie.

„Das ist eine wundervolle Idee, Lilli. Mach dich sofort an die Arbeit und rutsche mit George und Gras-Hüpf zur Erde hinab.“

Die Runde um den Tisch klatschte begeistert Beifall, es wurden sogar ein Paar Zwergenmützen und Feenkränze in die Luft geworfen, so sehr freuten sich alle.

Der Feenzauber

Fee Lilli setzte sich leise in das Beratungszimmer des Kindergartens. Angelika sprach gerade mit den anderen Erzieherinnen über George.

„Also, mir gefällt das nicht“, sagte sie. *„Theo bringt Sabrina und George morgens oft viel zu spät und verlangt, dass wir Sabine nichts davon erzählen. Aber die sehen wir ja sowieso nicht mehr. Sie kommt zu keinem Elternabend und die Kinder holt sie auch nie ab.“* Angelika schüttelte verständnislos den Kopf. *„Außerdem spielt George nie. Er sitzt nur rum und guckt zu. Und beim Windeln habe ich eigenartige Flecken und*

Wunden entdeckt, ich werde heute mit George zu unserem Kinderarzt gehen, der soll sich den Jungen ansehen.“

Die anderen Erzieherinnen nickten.

Die kleine Fee Lilli überlegte. Wer sich so viel Sorgen um einen anderen Menschen macht, ist wirklich schon ein kleines bisschen verliebt, oder? Aber – ein kleiner Zauber konnte nicht schaden, „pling!“ hob sie ihren Zauberstab und sprühte etwas Sternenglitzer in Angelikas Richtung.

Angelika musste niesen.

„Komisch, wieso kitzelt es so in der Nase?“

Lilli war zufrieden, der Zauber hatte gewirkt! Sie machte sich wieder auf den Weg zurück zum Himmelsbüro.

Angelika kämpft und George wird wieder glücklich

Der Kinderarzt untersuchte George vorsichtig.

George schämte sich, weil nun ein Fremder sehen konnte, was Theo ihm angetan hatte, denn Theo hatte ihm immer wieder gesagt, dass niemand das sehen darf. Aber er war auch ein kleines bisschen froh, dass nun alles entdeckt wurde.

Der Kinderarzt war sehr vorsichtig und behutsam.

„Angelika, ich sehe bei George Spuren am Körper, die darauf hinweisen, dass er misshandelt wurde.“

Seine Stimme klang sehr besorgt.
„Ob nun endlich mal jemand Theo sagt, dass er das nie mehr machen darf?“, dachte George, und sah den Kinderarzt mit seinen großen Augen fragend an.
Angelika streichelte George über den Kopf und wischte sich eine Träne aus dem rechten Auge.
„Wir müssen etwas unternehmen“, sagte der Kinderarzt.
Und Angelika unternahm etwas.
Sofort setzte sie sich ans Telefon und berichtete dem Jugendamt, was der Kinderarzt gesagt hatte. Das Jugendamt entschied sofort, dass George nicht mehr zu Theo und Sabine durfte, schon heute Nachmittag nicht mehr. Aber wo sollte er hin?

Wer hat George für immer lieb?

Angelika setzte sich zu George in die Kissenecke im Gruppenraum und überlegte laut.
„George, ich weiß, du verstehst noch nicht, was ich dir sage. Du bist so ein lieber, kleiner Junge, ich habe dich wirklich in mein Herz geschlossen und möchte, dass es dir fur immer gut geht. Vladimir und ich haben keine Kinder. Jetzt überlege ich, ob wir dich nicht bei uns aufnehmen sollen.“
Georges Herz klopfte laut. Natürlich verstand er, was Angelika sagte! Hatte der Zauber von Lilli etwa schon

gewirkt? Er blickte sich zu Gras-Hüpf um, der aufgeregt mit den Fühlern wackelte.
„*Glück muss man haben, Kumpel. Pass auf, alles wird gut*“, raunte die Elfe George zu.
Angelika stand entschlossen auf, nahm George auf den Arm und rief Vladimir an.
„*Schatz, ich habe dir ja schon von George erzählt, ich bringe ihn heute mit nach Hause.*“
Draußen auf dem Flur trafen sie Georges Schwester Sabrina.
„*Angelika, ich darf in so ein schönes Heim. Wie Felix! Mit Pferden!*“, rief Sabrina ihr zu und rannte in ihre geöffneten Arme.
„*Aber ich bin traurig, weil George nicht mit darf.*“ Sabrinas Augen füllten sich mit Tränen. Angelika streichelte Sabrina übers Haar.
„*Das ist schon in Ordnung, Sabrina. George kann bei mir und Vladimir leben. Er ist noch so klein und braucht deswegen unbedingt neue Eltern, die sich um ihn kümmern. Verstehst du das?*“
Sabrina nickte. „*Darf ich euch besuchen?*“
„*Natürlich, Sabrina, du bist immer bei uns willkommen!*“
„*Mama hat mir versprochen, dass ich bald wieder zu ihr kann. Wenn der doofe Theo erstmal weg ist*“, vertraute sie Ange-

lika an. Ihre Augen blitzten vor Zorn, und sie ballte die kleinen Fäuste.
Angelika stellte Sabrina behutsam wieder auf den Boden und gab ihr einen kleinen Kuss auf die Stirn. Sabrina lächelte wieder und rannte zu ihrer Gruppe zurück.
Angelika sah ihr lange nach. Hoffentlich wird alles gut für Sabrina. Ich werde ein Auge darauf haben, dachte sie.

George hat es geschafft!

Vladimir empfing George und Angelika schon ungeduldig vor der Haustür.
„Da seid ihr ja. Du bist ja ein Süßer, so schöne braune kugelrunde Augen, und erst die Locken, und so eine schöne Haut!“
Vladimir konnte sich gar nicht beruhigen, und George musste grinsen, Vladimir hatte nämlich auch braune Augen, dunkle Locken und eine viel braunere Haut als Angelika.
George wurde langsam ungeduldig und fing an, auf Angelikas Arm zu zappeln. Er wollte endlich sein neues Zuhause sehen! Mit seinen Händchen patschte er nach Vladimirs Locken. Dabei fiel ihm Einiza aus den Händen.
Vladimir hob das Kissen auf.
„So ein schönes Schmusekissen, es ist ja schon ganz abgeliebt“, schmunzelte er und gab es George zurück. Gras-Hüpf war

glücklich, Vladimir schien einen prima Papa abzugeben, denn er schmiedete schon Pläne.
„Wir können so viel zusammen machen, Kleiner. Tiere und Pflanzen entdecken, malen und basteln, Rad fahren lernen, in meine Heimat nach Kroatien ans Meer fahren, …“.
Angelika unterbrach ihn lachend.
„Nun lass uns doch erstmal rein kommen!“
Vladimir machte Angelika und George Platz. Aber bevor Angelika ihn in sein neues Zuhause trug, pustete sie noch einen kleinen Grashüpfer von Georges Kopf.

Gras-Hüpf winkte George zum Abschied zu und machte sich auf den Weg ins Himmelsbüro, um Bericht zu erstatten.
„Du hast es geschafft, Kumpel“, rief er ihm fröhlich hinterher, als Angelika die Tür zumachte.

Hannah

Hannah

Hannah hat Sehnsucht

Sternchen Hannah saß auf seiner Wolke und träumte sehnsüchtig von der Welt. Wenn Hannah ein Menschenkind wäre, dann würde sie am liebsten eine Prinzessin sein, mit einem Kleid, das genauso schön grün und blau schillerte wie Li-Bell, ihre Elfe, die sie so liebte. Mit so einem Kleid würde sie immerzu tanzen, wie sie es hier oben im Himmel mit Li-Bell tat, und ihre Eltern, die Könige wären, würden ihr jeden Wunsch von den Augen ablesen. Hannah stand auf und begann, sich anmutig im Kreis zu drehen.

Die anderen Sternchen spielten mit ihren Elfen auf dicken Wolken, die in der Sonne so weiß erstrahlten, dass man fast nicht hingucken konnte, und das Himmelszelt war erfüllt vom Wispern und Glucksen und Kichern der Sternenkinder. Man hörte es bis in das Büro von Mutter Erde.

Mutter Erde guckte von ihren Elternbüchern hoch und lachte in sich hinein. Wie unbeschwert war die Zeit der Sternchen hier oben. Doch dann musste sie seufzen.

„*Wenn sie erst Menschenkinder sind, ist die unbeschwerte Zeit für einige vorbei*“, murmelte sie vor sich hin und zog die Augenbrauen zusammen.

Für manche Eltern auf der Erde kamen die Kinder nicht zum richtigen Zeitpunkt, und sie konnten sich nicht so um sie kümmern, wie es eigentlich sein sollte. Für die Kinder war das sehr traurig, und manche waren wirklich verzweifelt. Einige jedoch fanden mit Hilfe ihrer Elfe den Weg zurück ins Himmelsbüro zu Mutter Erde, die dann versuchte, andere Eltern zu finden. Mutter Erde schüttelte den Kopf.

„*Nun ist es aber Schluss den trüben Gedanken*“, sagte sie laut und nahm sich eins der Elternbücher, die hoch gestapelt um ihren himmelblauen Schreibtisch herum lagen.

In diesem Augenblick schwebte ein leiser Lufthauch an ihrer Wange vorbei, und Li-Bell, die Elfe von Sternchen Hannah, landete sanft auf ihrer Hand.

Li-Bell war eine wunderschöne Elfe, die Brust schillerte grün, der lange, dünne Hinterleib leuchtete türkisblau und die Flügel waren fast durchsichtig, unterbrochen

von feinen Linien. Li-Bell rollte ihre großen Augen hin und her, dann sprach sie leise:
„Hannah hat Sehnsucht“, sagte sie mit ihrer zarten, hellen Stimme zu Mutter Erde. *„Sie spielt nicht mehr mit den anderen Sternchen, seit Tagen sitzt sie auf ihrer Wolke und träumt vor sich hin. Da habe ich sie gefragt, wovon sie träumt.“*
Li-Bell machte eine Pause, damit Mutter Erde fragen konnte, wovon Hannah träume, aber Mutter Erde wartete ab. Sie wollte Li-Bell nicht unnötig ermutigen. Je mehr Zeit sie hatte, geeignete Eltern für so ein zartes und liebes Sternchen wie Hannah zu suchen, desto sicherer war sie, dass es auch die richtigen sein würden.
„Ach, Mutter Erde, von Eltern und Kindern und der Welt träumt Hannah und die Sehnsucht leuchtet dabei in ihren Sternenaugen“, fuhr die Elfe schließlich fort.
Mutter Erde seufzte und nickte.
„Nun, das ist eindeutig, dann werde ich mich wohl an die Arbeit machen und die passenden Eltern für Hannah suchen müssen.“
Li-Bell ließ ihre Flügel wie kleine Propeller kreisen, um sich auf den Abflug vorzubereiten.
„Oh fein, ich werde Hannah sofort davon erzählen.“
Mutter Erde nickte erneut.

„Am besten, ihr kommt morgen beide zu mir. Mal sehen, ob ich bis dahin etwas Passendes für Hannah gefunden habe", sagte sie und beugte sich sofort wieder über ihre Elternbücher. Es gab viel zu tun.

Hannah darf rutschen

Im Himmelsbüro war wie immer ein heilloses Durcheinander. Kobolde, Zwerge, Feen und Elfen flatterten, flogen und rannten über die Wolken, jeder mit seiner Aufgabe betraut.

Hannah hüpfte tanzend durch das Durcheinander und lachte Li-Bell glockenhell zu.

„Ich werde eine Prinzessin und genauso schön wie du!"

Li-Bell wurde ganz stolz und machte drei Luftpirouetten, dabei schillerte ihr ganzer Körper in dem Sonnenstahl, auf dem sie – zusammen mit Hannah - direkt zu Mutter Erde hüpfte.

„Sind meine Eltern echte Könige?", rief Hannah schon von weitem. Mutter Erde schüttelte den Kopf.

„Am besten, du setzt dich erstmal auf einen Sternenkinderstuhl", erwiderte sie und wartete, dass ein wenig Ruhe einkehrte.

„Könige sind selten und auch gar nicht immer glücklich, weil sie so viel Verantwortung tragen müssen", fuhr sie fort, als

Hannah endlich Platz genommen hatte und Li-Bell auf Hannahs Stuhllehne saß.

„*Aber ich möchte ein schönes Prinzessinnenkleid tragen*“, erwiderte Hannah enttäuscht.

„*Oh, wenn es weiter nichts ist, das kannst du auch bei anderen Eltern*“, schmunzelte Mutter Erde.

„*Hast du denn welche gefunden?*“

Hannah wurde nun doch sehr neugierig und aufgeregt, und Li-Bell auch.

„*Ich hoffe, es sind die richtigen Eltern für dich.*“

Mutter Erde sah Hannah dabei nachdenklich an. Sie war wirklich wie eine zarte Prinzessin, und sie würde sanfte Eltern brauchen.

„*Und wenn es nicht die richtigen sind?*“, fragte Hannah verwundert.

„*Jede Nacht hast du die Möglichkeit, um 12 Uhr 12 zur Himmelsrutsche zu kommen und den Knopf* „verlassene Kinder“ *zu drücken. Ich komme dann herunter und versuche, dir zu helfen.*“

„*Wie merke ich, ob es die richtigen Eltern sind?*“

„*Das wird dir dein Herz sagen, und Li-Bell wird dir helfen.*“ Li-Bell nickte eifrig und machte sich für den Abflug bereit.

Hannah stellte ihr Sternenstühlchen ordentlich an seinen Platz und umarmte Mutter Erde, ein wenig bang war

ihr schon. Aber Li-Bell drängelte.
„Na komm, ich bin schon ganz gespannt, wie es auf der Welt ist."
Gesagt, getan! Die beiden machten sich sofort auf den Weg zur Himmelsrutsche. Mutter Erde sah ihnen lange nach.
„Ich wünsche dir viel Glück, kleine Hannah."

In Mamas Bauch

Es gluckert so schön im Bauch und warm ist es auch, dachte Hannah. Aber dann war es wieder da, dieses widerliche Zeug, das sie ganz krank machte. Hannah mochte es nicht, aber sie konnte sich nicht wehren. Eigentlich sollte sie noch viel länger im Bauch ihrer Mama bleiben, aber nach sieben Monaten wurde sie, klein und zart wie sie war, nach draußen gedrückt.
Hannahs Mama hieß Yvonne und sah sie unglücklich an.
„Was soll ich nur mit dir?", fragte sie leise. *„Und außerdem, du bist viel zu früh auf die Welt gekommen und zu klein."*
Yvonne nahm Hannah in den Arm und weinte.
Dann wurde Hannah von einem Arzt und einer Krankenschwester in ein warmes Bettchen unter eine Lampe gelegt. Sie war total erschöpft und schlief sofort ein.
Vier Wochen später, nachdem die Ärzte mit Sonden und

Kanülen und allem Möglichen dafür gesorgt hatten, dass Hannah größer und stärker wurde, konnte sie endlich mit Yvonne das Krankenhaus verlassen.

Was ist mit Yvonne?

Hannah lag in ihrem Bettchen und rümpfte das Näschen. Da war es wieder, dieses widerliche Zeug, das so in den Augen brannte und ihr die Luft nahm. Sie fühlte sich immer noch schwach, obwohl sie nun nicht mehr im Krankenhaus sein musste.

„Li-Bell, was ist das für ein Zeug, das Yvonne immer nimmt?", fragte sie eines Tages ihre Elfe, die sich mit den Flügeln ebenfalls frische Luft zuzufächeln versuchte.

„Deine Mama raucht ganz viele Zigaretten, auch als du in ihrem Bauch warst, hat sie das gemacht. Deshalb bist du viel früher auf die Welt gekommen, als es gut für dich war. Hier in eurem Zimmer bekommt man fast keine Luft mehr, wenn das Fenster nicht auf ist."

Hannah sah Li-Bell verwundert an.

„Warum tut sie das, wenn sie weiß, dass ich davon krank werde?"

Li-Bell zuckte mit den Schultern.

„Man nennt es Sucht, und Sucht macht krank. Man kann dann keine Rücksicht auf andere nehmen, weil der Körper

denkt, dass er das Zeug dringend braucht."
„*Welches Zeug?*", fragte Hannah.
„*Oh, da gibt es ganz verschiedene Dinge, die süchtig machen, das Wort dafür heißt Drogen. Yvonne raucht nicht nur, sie nimmt auch andere Drogen, die sie krank machen*", erzählte Li-Bell und wurde dabei ganz traurig.
„*Und wo ist mein Papa?*", fragte Hannah weiter, „*nimmt der auch Drogen?*"
„*Dein Papa wollte kein Kind und wollte dich auch gar nicht erst sehen. Yvonne war darüber sehr unglücklich. Manche Menschen nehmen Drogen, wenn sie unglücklich sind, weil sie sich dann für eine kurze Zeit glücklich fühlen.*"
Li-Bell machte eine Pause. Hannah sah sie erwartungsvoll an.
„*Ihr beide lebt in einem Heim, in dem junge Mütter mit ihren Kindern leben. Vielleicht bekommt Yvonne ja hier Hilfe, damit sie keine Drogen mehr braucht*", fuhr die Elfe hoffnungsvoll fort und guckte Hannah mit ihren großen Augen liebevoll an.
Hannah drehte im Bettchen nachdenklich ihr kleines Gesicht zur Wand. Ob sie jemals ein Prinzessinnenkleid haben würde bezweifelte sie und kuschelte sich in ihre Decke.

Yvonne ist weg

Vier Monate später lag Hannah in ihrem Bettchen und weinte jämmerlich. Seit Wochen ging es so, Yvonne war kaum da, wechselte nur ab und zu die Windeln, gab ihr schnell was zu essen und schimpfte *„sei nicht so laut, alle im Heim können dich hören.“*
Dabei schwankte sie, ihr Blick war starr, sie sah aus, als ob sie gar nicht hier wäre.

Hannah wurde immer trauriger, sie sehnte sich so danach, von ihrer Mama in den Arm genommen zu werden, ihre Nähe und Wärme zu spüren. Sie fühlte sich einsam und allein gelassen. Am besten wäre es doch, wenn sie gar nicht mehr lebte. Vielleicht konnte sie dann in den Himmel zurückkehren.
Aber wenn sie so fühlte, war Yvonne dann die richtige Mama für sie? Und wo blieb ihr Papa? Dem schien es egal zu sein, dass sie auf der Welt war. Leise fing sie an, wieder vor sich hin zu schluchzen. Nur Li-Bell hörte ihr Weinen. Ein Glück, dass sie immer in Hannahs Nähe war.
Li-Bell war auch nicht glücklich, sie flog unruhig vom Bett zum Tisch, vom Tisch zum Stuhl und überlegte fieberhaft, wie sie Hannah helfen konnte. Ob sie zur Himmelsrutsche gehen sollten? War es vielleicht noch zu früh dafür?

Oma und Micha schalten sich ein

Einen Tag später besuchte Hannahs Oma sie im Mutter-Kind-Heim.

Als sie Hannahs jämmerlichen Zustand sah, bekam sie einen großen Schreck und bat Micha am Telefon um Hilfe.

Micha, der Freund ihres Sohnes Malte, kam sofort.

„*Das Kind ist ja total dünn und krank, es muss sofort weg von hier*“, sagte er zur Oma und guckte dann zu Yvonne, die die Oma in der Zwischenzeit gesucht und gefunden hatte. Sie hatte wieder mit den anderen jungen Frauen im Haus Drogen genommen.

„*Wie konnte es nur so weit kommen?*“ Micha sah Yvonne verärgert an. Die zuckte mit den Schultern und senkte den Kopf. „*Ich weiß nicht*“, erwiderte sie leise und beschämt.

Dann sah sie Micha hoffnungsvoll an.

„*Kümmerst du dich jetzt um Hannah?*“

Micha nickte. „*Natürlich, ich bringe sie sofort ins Krankenhaus, das Kind braucht dringend ärztliche Hilfe.*“

Wieder im Krankenhaus

Hannah war erleichtert, dieser Situation entkommen zu sein, aber auch traurig. Warum kam Yvonne nicht mit, war es ihrer Mama egal, was mit ihr geschah?

„Sei nicht traurig", wisperte Li-Bell Hannah zu. *„Ich bleibe immer bei dir."* Sie machte sich startbereit, um ihren Schützling zu begleiten. Und sie wachte Tag und Nacht an Hannahs Bettchen, tröstete sie und erzählte ihr schöne Geschichten von Elfen und Libellen.
Micha und Malte besuchten Hannah oft im Krankenhaus, auch Oma kam jeden Tag. Hannah freute sich immer schon darauf. Trotzdem, etwas in ihr sehnte sich nach Yvonne zurück. Hannah hatte sie lieb, auch wenn die Sucht die Mama ganz krank machte. Aber Yvonne kam sie niemals besuchen.

In der Zwischenzeit überlegte Oma hin und her, was mit Hannah geschehen sollte. In ihrer Not besprach sie sich mit Micha und Malte.
„Wo soll Hannah hin, wenn sie aus dem Krankenhaus kommt? Zu Yvonne möchte ich sie nicht wieder geben, man kann sich nicht auf sie verlassen."
Sie war enttäuscht, denn schließlich war Yvonne ihre Tochter. Warum kümmerte sie sich nicht um ihr Kind, wieso war sie keine gute Mutter, warum konnte sie Hannah nicht lieb haben? Wenn sie ehrlich zu sich selbst war, musste sie sich eingestehen, dass auch Yvonne damals kein willkommenes Kind gewesen war. Oft war sie als

junge Mutter selbst überfordert gewesen mit so einem kleinen Wesen.
Aber es musste doch eine Lösung geben!
„Yvonne ist zwar meine Schwester, aber ich kann ihr nicht helfen“, sagte Malte. *„Kannst du Hannah nicht nehmen?“*, fragte er die Oma.
„Für eine kurze Zeit gerne“, antwortete Oma, *„aber für immer geht es nicht. Ihr wisst, mein Rücken tut mir oft sehr weh, ich darf nicht schwer heben, außerdem bin ich schon viel zu alt für so ein kleines Kind. Hannah braucht junge Eltern, die sich ein Kind wünschen“*, antwortete Oma und sah Micha und Malte nachdenklich an.

Bei Oma

Hannah war fast ein Jahr auf der Welt, als sie zu Oma kam. Und zum ersten Mal kümmerte sich jemand wirklich um sie.
Micha und Malte besuchten sie oft mit Tilla, der kleinen alten Hundedame. Tilla wich nicht mehr von Hannahs Seite, wenn sie dort war. Es war fast so, als ob sie Hannah beschützen wollte. Li-Bell war wirklich froh über diese Unterstützung, denn wenn Tilla da war, hörte man Hannah manchmal lachen. Zart und glockenhell klang das, Li-Bell ließ dann immer aufgeregt die schillernden Flügel

kreisen. Dieses Lachen müsste man viel öfter hören.
Auch Micha mochte Hannahs Lachen. Er nahm sie dann jedes Mal auf den Arm und sagte: „*Na, meine kleine Prinzessin?*“
Micha war groß und stark und hatte einen tollen Kuschelbauch, Hannah mochte ihn sehr. Sie mochte auch Malte, er war kleiner und dünn, hatte einen lustigen Ring im Ohr und seine Haut an den Armen war bemalt. Hannah musste dort immer wieder hinfassen oder an dem Ohrring ziehen.
„*Kleine Prinzessin, reiß mir nicht mein Ohr ab*“, lachte Malte dann und drückte sie liebevoll.

Es ging Hannah wirklich gut bei Oma. Aber sie wusste schon, dass sie nicht immer hier würde bleiben können, das hatte Li-Bell ihr erklärt und das machte sie wieder traurig.
„*Deine Oma hat immer ganz dolle Rückenschmerzen, wenn sie dich hochhebt oder wenn sie sich bückt. Eigentlich muss sie in ein Krankenhaus und sich operieren lassen, aber sie traut sich nicht, weil sie dich nicht alleine lassen will.*“

Eines Tages kam Oma nicht wie sonst immer, um sie aus ihrem Bettchen zu heben und mit ihr zu frühstücken.

Hannah weinte laut, dann fing sie an zu schreien. Aber Oma kam nicht.

Die Klingel für verlassene Kinder

Ein paar Stunden später kam Micha in die Wohnung und fand die weinende Hannah und die Oma, die in ihrem Bett lag und sich nicht mehr bewegen konnte. Er schimpfte mit Oma.

„Du musst dich endlich operieren lassen, so geht das nicht weiter!“

Dann rief er einen Arzt an. Der kam und gab Oma eine Spritze, da ging es ihr gleich besser, sie konnte wieder laufen.

Oma nahm Hannah in den Arm, drückte ihr Gesicht in die weichen, flaumigen, hellen Haare. Ihr kamen die Tränen, als sie murmelte: *„Die haben alle gut reden – und was ist mit dir, kleine Maus, wo sollst du hin, wenn ich für lange Zeit ins Krankenhaus muss?“*

Das machte auch Hannah sehr traurig. Es stimmte ja, wo sollte sie hin? Ihre Mama kam nicht mehr, ihren Papa hatte sie in den eineinhalb Jahren, die sie nun auf der Welt war, noch nie gesehen. Waren das die richtigen Eltern für sie?

„Weißt du, Li-Bell“, sagte sie, als sie mit ihrer Elfe auf einer

Decke in Omas Garten saß, *„ich denke oft an die Himmelrutsche und die Klingel für verlorene Kinder.“*

Hannah sprach sehr leise und sie musste dabei mit den Tränen kämpfen. *„Aber ich habe ganz große Angst davor, andere Eltern zu bekommen.“*

Li-Bell guckte sie verwundert an.

„Warum Angst?“

„Weil ich dann Oma und Micha und Malte nicht mehr sehen kann.“

Nun konnte Hannah sich nicht mehr beherrschen und weinte laut los.

„Und meine Tilla auch nicht.“

Nun quollen auch aus Li-Bells Knopfaugen große Tränen.

„Ich glaube ganz fest, dass dir Mutter Erde und der Rat der Weisen helfen können“, sagte sie, als sie sich beide wieder ein wenig beruhigt hatten. *„Lass es uns doch einfach versuchen.“*

Und so machten sich Hannah und Li-Bell nachts um 12 Uhr 12 auf den Weg zur Himmelsrutsche und drückten auf den Knopf für verlassene Kinder.

Mutter Erde kam polternd die Himmelsrutsche heruntergerutscht. *„Oh, hallo Hannah und Li-Bell“*, sagte sie, *„kann ich euch helfen?“*

„Ich glaube, ich habe nicht die richtigen Eltern."
Hannah guckte Mutter Erde ängstlich an. *„Aber ich will auch keine anderen."*
Mutter Erde nickte verständnisvoll. Ja, das kannte sie, dass Kinder an ihren Eltern hingen, egal wie gemein sie zu ihnen waren. Es war so schwer für die kleinen Menschen, sich von ihnen zu verabschieden.
„Na, kommt erst mal mit nach oben. Dann besprechen wir alles in Ruhe mit dem Rat der Weisen."
Und alle drei rutschten auf der Himmelsrutsche nach oben, wie man es nur auf der Himmelsrutsche kann.

Der Rat der Weisen

Der Rat der Weisen bestand aus erfahrenen Kobolden, Zwergen, Feen und Elfen, und er traf sich am großen, runden, sonnengelben Beratungstisch im Himmelsbüro. Die Weisen hörten sich den Bericht von Hannah und Li-Bell an. Mimi, die kleine Fee mit dem roten Gewand, in das lauter weiße Blümchen eingestickt waren, rückte ihr Stirnband zurecht und spielte mit ihren roten Locken. Kobold Hugo, der Zögerer und Zauderer, der die grasgrüne Jacke der Ältesten trug, runzelte die Stirn und guckte gedankenverloren vor sich hin. Zwerg Jonas steckte seinen Finger in seine große Nase und fing an zu popeln. Kobold

Klaus stieß ihm in die Rippen, damit er damit aufhörte, und zog dann seine geringelte Zipfelmütze auf den Kopf. So konnte er besser denken.

„Oh, Entschuldigung." Zwerg Jonas nahm sofort den Finger aus der Nase, *„aber es ist so ein schwieriger Fall."*

Alle nickten, keiner sagte ein Wort.

„Und wenn", fing Mimi schließlich an, *„und wenn --"*, hier machte sie eine Pause, alle guckten sie erwartungsvoll an, *„und wenn Hannah bei Malte und Micha lebte?"*

Eine Minute lang sagte niemand etwas. Und dann fingen alle gleichzeitig an zu reden.

„Das geht doch nicht, es sind doch zwei Männer!"

„Warum nicht, ist doch egal."

„Hannah braucht eine Mama."

„Wer sagt das, sind Mamas etwa besser als Papas? Papas können auch gute Mamas sein."

„Aber sie haben keinen Kuschelbusen und so. Ihr wisst schon."

„Micha hat dafür einen prima Kuschelbauch."

„Micha und Malte lieben sich, warum sollen sie dann kein Kind haben?"

Mutter Erde wurde es jetzt zu bunt. Sie schlug mit der flachen Hand auf den Tisch.

"RRRRRuuuuuuheeeeee!"

Alle guckten sie an und schwiegen. Nachdem Mutter

Erde einmal ordentlich durchgeschnauft hatte, redete sie weiter.

„Ich habe zwei Elternbücher, bei denen die Paare entweder zwei Frauen oder zwei Männer sind.“ Sie nahm die beiden Bücher in die Hand. *„Es kommt nicht darauf an, ob es Frauen oder Männer sind, es kommt darauf an, dass sie Kinder lieben und den Kindern alles geben können, was sie brauchen, damit diese glücklich und gesund groß werden können.“*

Mutter Erde hatte rote Apfelbäckchen vor lauter Aufregung.

Die anderen guckten beschämt auf ihre Füße oder Bäuche oder Hände – und Zwerg Jonas popelte vor Verlegenheit schon wieder in der Nase. Hugo, der Älteste, übernahm das Wort.

„Mutter Erde, du hast Recht. Es ist halt ein wenig ungewohnt. Aber Hannah hat es ganz sicher sehr gut bei Malte und Micha.“

Alle nickten und schauten Hannah erwartungsvoll an. Was sie wohl dazu sagen würde? Hannah strahlte über das ganze kleine Prinzessinnengesicht.

„Das habe ich mir schon gewünscht. Aber ich habe mich nicht getraut, es zu sagen.“

„Damit wären dann wohl alle Probleme mit einem Schlag gelöst."

Li-Bell wurde ganz aufgeregt und setzte sich auf Hannahs Schulter.

„Du kannst Tilla behalten und Oma, und wer weiß, vielleicht besucht dich auch Yvonne wieder mal."

Hannah nickte. Eben war sie noch so froh gewesen, aber jetzt wurde sie schon wieder traurig.

„Aber zurück will ich nicht mehr zu ihr, ich glaube, dass sie mich gar nicht richtig lieb hat."

Mutter Erde beruhigte sie. *„Wenn du erstmal bei Malte und Micha lebst, sind das deine Eltern."*

„Aber wollen die beiden denn auch Eltern sein?", kam es zögerlich von Hugo aus der hintersten Reihe.

Alle drehten sich zu ihm um.

„Eine gute Frage." Mimi rückte ihr Stirnband zurecht. *„Wahrscheinlich trauen die beiden sich gar nicht, darüber zu reden, obwohl sie den Wunsch haben"*, vermutete sie. *„Aber ich könnte mich verwandeln und in die Welt fliegen"*.

„Ha, am besten als Jugendamts-Tante", prustete Klaus los und fing an zu kichern.

Mimi blieb ernst.

„Keine schlechte Idee. Da kann ich wenigstens was bewegen in den Köpfen der Menschen."

Wer hat Hannah für immer lieb?

Einige Tage später saßen Malte und Micha zusammen und redeten über Hannah.

„Ich mache mir Sorgen um Hannah, ich habe die Kleine so in mein Herz geschlossen“, sagte Malte, *„ich könnte sie nie zu anderen Menschen geben.“*

Micha nickte und guckte Malte liebevoll an.

„Mir geht es genau so, unsere kleine Prinzessin ist für mich das Wichtigste auf der Welt geworden.“

Er zögerte noch etwas, aber dann fasste er sich ein Herz.

„Wollen wir sie nicht bei uns aufnehmen, ich weiß, dass das geht. Ich war bei Frau Schneider im Jugendamt, du weißt, das ist die mit den roten Locken, die immer nur rot-weiße Sachen anhat und die ständig zwinkert. Sie ist etwas seltsam, aber sie hat mir Mut gemacht und erzählt, dass es auch schon andere Männer- oder Frauen-Paare gibt, die ein Kind bei sich aufgenommen haben.“

Tilla, die Micha und Malte zu Füßen lag und aufmerksam zugehört hatte, fing an zu bellen.

„Sogar Tilla ist dafür“, lachte Malte und wischte sich verstohlen eine Träne aus dem linken Auge. *„Wir müssen für Hannah sorgen, sonst ist Tilla uns für immer böse.“*

Er bückte sich zu Tilla hinunter und streichelte sie.

Hannah hat es geschafft

Einige Zeit später, nachdem sie alles mit Frau Schneider vom Jugendamt, geregelt hatten, besuchten Micha und Malte Hannah wieder.

Als Hannah in ihre erwartungsvollen Gesichter sah, wusste sie, dass Mimi ganze Arbeit geleistet hatte und die beiden sich dafür entschieden hatten, dass sie für immer bei ihnen leben konnte. Hannah war in ihrem ganzen bisherigen Menschenleben noch nie so glücklich gewesen, und ihr Gesicht leuchtete wie das der schönsten Sternenprinzessin.

Malte setzte sich zu ihr und gab ihr ein Päckchen. Hannah riss es auf und hielt ein wunderschönes, grünblau schillerndes Kleidchen in den Händen.

„*Für dich, Prinzessin*“, lachte Malte sie an und hob sie hoch.

Als Micha beide umarmte, fiel sein Blick auf eine Libelle, die am Fenster vorbei flog.

„*Sieh nur, Hannah, die Libelle ist genauso schön wie dein Prinzessinnenkleid*“, sagte er und zeigte zum Fenster.

Hannah zwinkerte Li-Bell zu, und die Elfe machte sich auf den Weg, um Mutter Erde zu berichten, dass Hannah es geschafft hatte.

Wie dieses Buch entstand

Die Idee zu den Geschichten der Himmelsrutsche hatte ich vor etwa acht Jahren, als ich das Buch „Anna zähmt die Monster“ von Doris Brett[1] in den Händen hielt. Die Anna-Geschichten, therapeutische Geschichten für Kinder mit den verschiedensten Problemen, und die Auseinandersetzung von Doris Brett mit dem Thema therapeutische Geschichten oder personalisierte Märchen interessierten mich sofort.

Bei den Anna-Geschichten, die sich mit Themen wie Angst vor Dunkelheit, Zwanghaftigkeit, Schüchternheit, Scheidung beschäftigten, musste ich sofort an meine Pflegekinder, aber auch an die Schicksale all der anderen Pflege-, Adoptiv- und Heimkinder denken, die ich im Laufe meiner Arbeit als Vorsitzende eines Pflegekinder-Vereins und als Dozentin für Pflege- und Adoptiveltern-gruppen kennen gelernt hatte. Was hatten diese Kinder erlebt! Manches davon ist so unaussprechbar und beäng-

1) *aus: „anna zähmt die monster“, Therapeutische Geschichten für Kinder von Doris Brett im Verlag Iskopress, 6. Auflage 2000*

stigend, dass es die Kinder in ihrem Inneren verschließen. In den wenigsten Fällen können sie darüber reden oder sich gar mit anderen Kindern austauschen, die ähnliche Erfahrungen gemacht haben.

Irgendwann entstand in meinem Kopf das Bild der Himmelsrutsche mit der Klingel für die verlassenen Kinder. Beim Schreiben der ersten Geschichte kamen die persönlichen Elfen, Mutter Erde, die Kobolde und die Feen dazu und schon war ein Märchen, das aber immer gleichzeitig eine real erlebte Geschichte erzählt, entstanden.
Ich wollte bei Nichtbetroffenen Verständnis für die Wut und die Trauer der Kinder über das Erlebte mit ihren Eltern wecken, aber auch den betroffenen Kindern Hoffnung für ein besseres Leben mit auf den Weg geben.

„Märchen erforschen die Themen von Gut und Böse, von Altruismus und Geiz, Mut und Feigheit, Freundlichkeit und Grausamkeit, Standhaftigkeit und Verzweiflung. Sie lehren Kinder, dass die Welt ein vielschichtiger Ort ist, in der Dinge passieren, die ungerecht und ungerechtfertigt sind, so dass die Schwierigkeiten manchmal überwältigend erscheinen. Sie lehren außerdem, dass Furcht, Reue und Verzweiflung genauso ein Teil der Welt sind wie Freude, Optimismus und Selbstbewusstsein.

Außerdem erhalten sie eine Botschaft der Hoffnung. Das ist eine sehr wichtige Botschaft. Ein Kind, das keine Hoffnung hat, wird den Kampf aufgeben und niemals erfolgreich sein.“[2]

Die Helden in meinen Märchen sollten die Kinder selbst sein und so wurden daraus „personalisierte Märchen“ also Geschichten, in denen die Betroffenen die Hauptrolle spielen.
Nachdem ich die Geschichten meiner beiden Kinder aufgeschrieben hatte, machte ich mich auf die Suche nach den Geschichten anderer Pflegekinder.
Wichtig waren für mich die Gründe, warum diese Kinder nicht mehr bei ihren leiblichen Eltern leben können:

> Vernachlässigung/Alkohol (auch in der Schwangerschaft)
> Überforderung junger Mütter
> Tod eines Elternteils
> Misshandlung und Gewalt/sexueller Missbrauch
> Drogenkonsum

Darüber hinaus gibt es natürlich auch noch weitere Gründe, z. B. Krankheit, Flucht, Vertreibung u. a. Meine Auswahl bezog auch die Geschichten der Pflegeeltern mit ein, denn ich wollte die Bandbreite der Menschen, die Kinder

2) *aus: „anna zähmt die monster“, Therapeutische Geschichten für Kinder von Doris Brett im Verlag Iskopress, 6. Auflage 2000*

aus sozialen Gründen bei sich aufnehmen, darstellen. So sind zu den „ganz normalen“ Eltern auch ein Paar mit multikultureller Herkunft, eine allein erziehende Mutter und ein homosexuelles Paar dazu gekommen.

Für die Geschichten der Himmelsrutsche habe ich Interviews mit den Pflegeeltern, den Pflegekindern und in einem Fall mit der leiblichen Mutter gemacht.
Warum ich gerade diese Geschichten gewählt habe, was wir dabei erlebt haben, welche Auswirkungen das Erlebte auf die Kinder hatte und was heute aus den Kindern geworden ist, erzähle ich in einem jeweiligen Nachwort am Ende des Buches. Natürlich sind alle Namen verändert und die Personen mit der Veröffentlichung der Geschichten einverstanden.

In den Nachworten habe ich mich mit den Themen beschäftigt, die für Erwachsene wichtig sind, die sich noch nicht mit der Situation von Pflege-, Adoptiv- und Heimkindern beschäftigt haben. Aber dieses Buch ist keine wissenschaftliche Abhandlung, sondern eher ein Anstoß, sich näher in die Thematik einzuarbeiten. Im Internet findet man zahlreiche Anlaufstellen und Literaturhinweise. Ich habe deshalb darauf verzichtet, diese hier aufzulisten.

Für Pflege- und Adoptiveltern, Heimerzieher, Sozialarbeiter, Lehrer, Erzieher und Therapeuten können diese Geschichten ein Einstieg sein, mit Kindern über das, was diese erlebt haben, zu reden und zu versuchen, deren eigene (vielleicht ähnliche) Geschichte mit ihnen aufzuarbeiten. Größere Kinder können die Geschichten evtl. auch selbst lesen, sogar „große“ Kinder lieben Märchen. Eins meiner „Test-Lese-Kinder“, ein 12 jähriges Mädchen, das in einer schwierigen Familiensituation lebt, war von den Geschichten begeistert, weil sie Wege aufzeigen und Hoffnung machen.

Gespräche durch Geschichten

Sprache ist eines der besten Mittel, um miteinander in Beziehung zu treten. Vorlesen schafft eine Situation von Nähe und Geborgenheit. Hier können Kinder auch schwierige Fragen stellen und ungewohnte Gefühle bewältigen. Auch vermittelt Vorlesen menschliche Erfahrungen und Wissen. Fantasie und Realität ergänzen sich dabei für Kinder zu einem Stück Lebenserfahrung.

„Kinder benutzen Spiel und Imagination zum Lernen, Entdecken und Verstehen der Welt. Wenn man zu Kindern durch Geschichten spricht, spricht man zu ihnen in der Sprache, die sie verstehen und in der sie am besten antworten können – in der Sprache der Phantasie und Imagination.

Personalisierte Märchen zeigen eine Heldin oder einen Held, der die Charakteristiken des Kindes widerspiegelt und sich außerdem denselben Problemen gegenübersieht, die das Kind beschäftigen. Hier findet die Heldin/der Held Wege, diese Schwierigkeiten und Konflikte zu verstehen und zu lösen. Die Märchen helfen Kindern, mit Situationen oder Gefühlen umzugehen, die sie ängstigen. Sie stellen keinen Zauberstab dar, der alle Schwierigkeiten und den Schmerz der realen Welt einfach wegzaubert, sondern sie erlauben den Kindern, etwas über sich selbst und ihre Probleme zu erfahren. Dies geschieht auf eine Art und Weise, dass die Kinder sich getröstet, unterstützt, gestärkt und verstanden fühlen“.[3]

Viele Pflege-, Adoptiv- und Heimkinder fühlen sich schuldig oder schämen sich für ihre Geschichte. In den Märchen der Himmelsrutsche hören sie von anderen Kindern, die genauso sind wie sie selbst und die Ähnliches erlebt haben. Es steht ihnen frei zuzuhören und Verbindungen herzustellen, die in Bezug auf das eigene Leben Ängste hervorrufen könnten. Mit den Märchen wird für das Kind eine Sicherheitszone geschaffen. Wenn das eigene Thema zu bedrohlich ist, kann es vorgeben, sich für die Heldin/den Helden zu interessieren und wird ermutigt, nachzufragen.

3) *aus: „anna zähmt die monster“, Therapeutische Geschichten für Kinder von Doris Brett im Verlag Iskopress, 6. Auflage 2000*

Ein weiterer wichtiger Aspekt besteht darin, dass die Kinder erkennen: sie stehen nicht alleine mit ihrer Geschichte da, andere Kinder haben Ähnliches erlebt und erleben dabei genau wie sie Wut und Trauer. Dadurch fühlen sie sich verstanden und bestätigt. Auf diese Weise kann sich das Kind wieder normal fühlen. Dieses Gefühl der Normalität stärkt die Selbstachtung und das Selbstbewusstsein.

Oftmals können die Kinder nicht über ihre eigene Geschichte und die damit verbundenen Gefühle reden. Manchmal liegt es daran, dass sie sich schämen oder Angst vor den Folgen haben oder sich loyal gegenüber den leiblichen Eltern verhalten wollen. Manchmal fehlen ihnen die Worte oder sogar die Begriffe, um ihre Gefühle zu beschreiben. Ihre oft konfusen oder widerstreitenden Gefühle benannt und in Worte gekleidet zu hören durch das Medium des Märchens, kann den Kindern helfen, Gefühle zu benennen. Es bringt Klarheit in den Tumult des Inneren und gibt dem Kind ein Bewusstsein, diese Gefühle beherrschen zu können.
Eine der wertvollsten Auswirkungen von Kommunikation durch Geschichten ist, dass diese Methode dem Kind erlaubt, sich so viel Zeit zu nehmen, wie es braucht, um

den Inhalt und die Botschaft der Geschichte zu verarbeiten. Es kann die Geschichte immer und immer wieder hören, um sich mit neuen oder beängstigenden Begriffen vertraut zu machen. Es kann sich ihnen mit so viel Vorsicht nähern, wie es ihm nötig erscheint. Es steht ihm frei, sich auf jedes beliebige Element der Geschichte zu konzentrieren, das ihm zu einem bestimmten Zeitpunkt passend erscheint – nichts wird ihm aufgezwungen.

„Im Zusammenhang mit den Märchen kann auch gut künstlerische Gestaltung eingesetzt werden, es ist eine wunderbare Möglichkeit für Kinder sich auszudrücken. Oftmals malen Kinder Bilder von „Monstern“ um sie dann mit Freude wieder zu zerreißen. Indem sie das tun, zerreißen sie symbolisch das Monster und demonstrieren ihre Macht darüber“.[4]

Die Geschichten der Himmelsrutsche sind ein Weg der Annäherung zwischen einem verängstigten und verschlossenen Kind und den Erwachsenen, die ihm dabei helfen möchten, die oftmals traumatischen Erlebnisse zu verarbeiten.

4) *aus: „anna zähmt die monster“, Therapeutische Geschichten für Kinder von Doris Brett im Verlag Iskopress, 6. Auflage 2000*

Verlassene Kinder

Pflege-, Adoptiv- und Heimkinder haben je nach ihrer individuellen Vorgeschichte ein unterschiedliches Maß an Belastungen und/oder Traumata (die Folgen eines Ereignisses, die ein Mensch nicht verstehen, nicht verarbeiten also nicht verkraften kann) erlebt, bevor sie in den – hoffentlich - schützenden Rahmen einer Pflege- oder Adoptivfamilie oder in ein Heim gekommen sind.
Selbst im so genannten „Idealfall" einer Frühadoption bleibt eine potenziell traumatische Erfahrung den Kindern nicht erspart. Das Wissen, „Ich bin nicht euer leibliches Kind", und die damit verbundenen Fragen bleiben in der Regel ein Leben lang bestehen: „Was ist mit meinen leiblichen Eltern? Was ist an mir, dass sie mich abgegeben haben? Was sind die Motive der neuen Eltern? Können sie mein Interesse an meiner Herkunft verstehen oder erleben sie es als Kritik, als ihr eigenes Scheitern?"

Dieses Trauma des Verlassen- worden- Seins bleibt latent vorhanden, variiert aber in der expliziten Fragestellung in der Entwicklung immer wieder neu. Zunächst als gemeinsame Aufgabe, z. B. bei ersten Fragen: „War ich auch in deinem Bauch?“, später als eine Entwicklungsaufgabe für die Jugendlichen, ihre Herkunft zu erforschen oder aber auch Frieden mit der Unklarheit zu schließen. Das kann auch bedeuten, bewusst dazu zu stehen, nichts über die Herkunft wissen zu wollen.

Pflegekinder

Pflegekinder bleiben - anders als Adoptivkinder - rechtlich gesehen immer die Kinder der Herkunftsfamilie. Oft haben die leiblichen Mütter (manchmal auch die Väter oder Großeltern) noch das Sorgerecht oder die Kinder haben einen Vormund. Die Eltern haben Anspruch auf ein Besuchsrecht der Kinder in der Pflegefamilie. In einer jährlichen Hilfekonferenz mit dem Jugendamt wird abgesprochen, wie oft und in welchem Rahmen Kontakte stattfinden sollen. Pflegeeltern sind Partner des Jugendamts und arbeiten in der Jugendhilfe, sie sind somit eine „öffentliche Familie". Sie werden auf ihre nicht immer leichte Aufgabe in Kursen vorbereitet, vom Jugendamt überprüft und im Idealfall durch Supervision und Fortbildung bei ihrer Arbeit begleitet. Es gibt verschiedene Pflegeformen in der Jugendhilfe. Die Pflegeverhältnisse können zeitlich befristet oder auf Dauer angelegt sein, aber auch nur kurzfristige Hilfen in einer Krisensituation anbieten. Häufig wird versucht, sehr kleine Kinder

nicht in einem Heim unterzubringen, sondern für sie eine Pflegefamilie zu finden.
Pflegefamilien handeln in der Regel aus sozialer Verantwortung. Sie sind sich bewusst, dass die leiblichen Eltern im Erleben der Kinder eine wichtige Rolle spielen.
Das Besondere der doppelten Elternschaft bei Pflegekindern beinhaltet auch immer einen Loyalitätskonflikt des Kindes nach beiden Seiten. Beide Eltern werden auf ihre Weise vom Kind geliebt.

Aber es kann durchaus für Kinder sehr sinnvoll sein, in einem Heim weiter zu leben. Hier gibt es viele verschiedene Angebote, von therapeutischen Einrichtungen bis zu familienähnlichen Kleinstheimen. Mitunter kann aber auch eine zeitlich befristete Heimunterbringung dazu dienen, ein Kind so weit zu stabilisieren, dass es sich auf neue Eltern einlassen kann.

Pflege- und auch Heimkinder kommen in der Kinderliteratur selten vor, wenn dann oft als Tierfigur (z. B. „der Findefuchs", „Winzig der Elefant").[5]
Hauptsächlich richtet sich die Literatur an Adoptiv-Familien, die wegen der meist eigenen ungewollten Kinderlosigkeit ein Kind bei sich aufnehmen, z. B. „Und

5) „Der Findefuchs oder Wie der kleine Fuchs eine Mutter bekam" von Irina Korschunow, dtv junior / „Winzig, der kleine Elefant von Erwin Moser, Beltz Verlag

dann kamst Du und wir wurden eine Familie“.[6] In der bereits veröffentlichten Literatur zum Thema „Kind sucht neue Eltern“ geschieht immer etwas mit dem Kind, und zwar aus der Sicht der aufnehmenden Eltern („wir haben Dich ausgesucht“). Was fehlt, sind Geschichten, die den Kindern das Vertrauen geben, dass sie selbst handeln könnten.

Der Ansatz in meinen Geschichten ist es daher, die Kinder genau in dieser Hinsicht zu stärken: Sie entscheiden aufgrund ihrer persönlichen Stärken und mit Hilfe Anderer über ihr Leben.

Die leiblichen Eltern werden dabei nicht negativ beurteilt; es sind nur nicht die richtigen Eltern zum richtigen Zeitpunkt. Aber ich versuche auch darzustellen, dass die Kinder in dieser Situation leiden - so sehr, dass sie es nicht mehr aushalten und an der Himmelsrutsche Hilfe holen.

6) *„Und dann kamst Du und wir wurden eine Familie“, von Almud Kundert und Anette Hildebrandt, Verlag Ravensburger*

Bedeutung der Biografiearbeit

Um sich von der Vergangenheit zu lösen und in die Zukunft blicken zu können, muss der Mensch seine Vergangenheit kennen oder mit anderen Worten: Wer sich von der Vergangenheit verabschieden will oder soll, muss sich ihr stellen, und zwar nicht in Form realer Konfrontation, sondern durch Erinnern, Rekonstruktion und Einfügen in seine Lebensgeschichte.

Je länger Dinge verdrängt oder vergessen werden, desto länger dauert es, bis sie verarbeitet oder überwunden werden. Nur durch das Erinnern kann die Vergangenheit bewältigt werden. Und auch nur dann kann der Mensch seine Zukunft selbst in die Hand nehmen.
Diese Erkenntnisse finden sich in der Literatur über Biografiearbeit[7,8] wieder.

*7) „Wo gehöre ich hin?"
Biografiearbeit mit Kindern und Jugendlichen von Tony Ryan, Rodger Walker, juventa*

*8) „Biografiearbeit. Mädchen und Jungen entdecken ihre Geschichte"
von Birgit Lattschar und Irmela Wiemann, juventa*

Die Biografiearbeit hat ihren Stellenwert in allen Entwicklungsstufen, denn sie ermöglicht die Akzeptanz des eigenen ICH. Kinder, die in ihrer Herkunftsfamilie leben, haben die Möglichkeit, sich über ihre Vergangenheit zu informieren und zurückliegende Ereignisse in der Gegenwart zu klären (wobei auch in vielen Familien manches Ereignis totgeschwiegen oder ungern darüber gesprochen wird).

Pflege-, Adoptiv- und Heimkinder haben oftmals diese Möglichkeit nicht, die Vergangenheit scheint für sie verloren.

Ihrer Phantasie ist dadurch Tür und Tor geöffnet, manchmal in sehr negativer Weise, sie glauben z. B. an schlimme Horrorgeschichten; oder aber sie stellen sich vor, ihre Eltern seien Könige.

Viele fühlen sich schuldig an der Situation, in die sie geraten sind. Sie denken, sie hätten sich falsch verhalten, deswegen habe man sie weggegeben. Sie fühlen sich wertlos, nicht liebenswert. Ihr Selbstwertgefühl ist somit sehr gering. Deswegen ist es so wichtig, sie darüber aufzuklären, warum sie weggegeben wurden, ohne dabei die leiblichen Eltern in ein schlechtes Licht zu stellen.

Dazu gehört viel Feingefühl, denn man darf den Kindern und Jugendlichen das Erinnern auch nicht aufdrängen. Nur sie entscheiden, wann und wie viel sie wissen wollen.

Für die Biografiearbeit mit Kindern gibt es ganz unterschiedliche Methoden, der richtige Einsatz einer Methode im richtigen Moment ist ausschlaggebend.

Eine Möglichkeit können die Geschichten der Himmelsrutsche sein.

Man sollte sich aber auch darüber im Klaren sein, dass Biografiearbeit dazu führen kann, dass sich die Kinder erst einmal unwohl fühlen, weil alles wieder aufbricht, was so sorgsam verschlossen wurde. Sie könnten sich zurückziehen oder wütend und traurig werden. Eine begleitende Therapie ist in manchen Fällen sicher anzuraten.

Die eigene Geschichte erfinden

Um die eigene Geschichte in Form der Himmelsrutsche zu erfinden, könnte zusammen mit den Kindern der gleiche Ablauf übernommen werden:

- Sternchen mit persönlicher Elfe im Himmel,
- die Sehnsucht ein Kind zu werden,
- die Warnung von Mutter Erde,
- die Himmelsrutsche,
- im Bauch der Mutter usw.

Wichtig dabei ist, dass das Sternchen die Charakteristik des Kindes erhält und die persönliche Elfe gut dazu passt. Mutter Erde, die Klingel für verlassene Kinder, der Rat der Weisen und die kleine Fee, die immer die rettende Idee hat, sind gute Eckpunkte für die eigene Geschichte.

Durch die Geschichten in der Himmelsrutsche kann man mit dem Kind über das reden, was es selbst erlebt hat. Wichtig dabei ist, dass man altersgerecht bleibt und ehrlich ist ohne grausam zu sein. Man sollte Trauer ermöglichen, traumatische Erlebnisse benennen und über Nöte und Ängste sprechen. Aber auch versuchen, die Kinder daran zu erinnern, was früher schön war.

Bei diesen Gesprächen kann man die eigene Betroffenheit mitteilen: „Wenn ich das erlebt hätte als ich so alt war wie Du, dann wäre ich ganz schön traurig ... / wütend... / einsam...."

Gleichzeitig kann man erklären, dass die Eltern als Kinder möglicherweise auch Schweres erlebt haben und wahrscheinlich daher nicht wussten, was Kinder wirklich brauchen, auch dass sie versucht haben, gute Eltern zu sein, es aber nicht geschafft haben.

Und man sollte erwähnen, dass das Kind jetzt mit anderen Menschen zusammenlebt und so die Wahl und die Möglichkeit hat, sein Leben besser zu gestalten.

Nachwort Kim

Alkohol in der Schwangerschaft

„Durch Alkoholkonsum in der Schwangerschaft kann es zu vor- und nachgeburtlichen Schäden kommen, die das Kind in der körperlichen, geistigen und seelischen Entwicklung beeinträchtigen. In Deutschland werden jährlich 3000 Kinder mit FAS (Fetales Alkohol Syndrom) und den damit verbundenen körperlichen Missbildungen und geistigen Behinderungen geboren. Die Zahl der Kinder, die ohne körperliche Beeinträchtigungen geboren werden, dafür aber mit geistigen Defiziten und psychischen Störungen auf die Welt kommen, wird auf 15.000 bis 20.0000 in Deutschland geschätzt". (FASworld e.V. Deutschland.)[9]

Pflege-, Adoptiv- oder Heimkinder sind oftmals FAS-Kinder mit schweren oder leichten Behinderungen. Die Mütter sind häufig nicht in der Lage, von der Sucht zu lassen und daher mit der Erziehung eines Kindes völlig überfordert.

9) *www.FASworld.de*

Als Kim mit 7 Monaten in die Pflegefamilie kam, entwickelte sie sich zu einem lebhaften, sehr durchsetzungsfähigen, spontanen kleinen Mädchen, das nie still sitzen konnte und sich am liebsten bewegte.
Deshalb fand ich als persönliche Elfe sofort den Schmetterling, der den ganzen Tag hin- und her flattert, passend.

Zum Schuleintritt stellte sich heraus, dass bei Kim aufgrund von FAS mit einer leichten Lernbehinderung zu rechnen war, die laut Gutachten bestenfalls das Erreichen eines Hauptschulabschlusses ermöglichen würde. Sie wurde als Integrationskind in eine Modell-Grundschule eingeschult. Große Schwierigkeiten machten ihr Rechnen und alles was abstrakt, also nicht direkt durch die Sinne zu ertasten und zu erfühlen war. Nach der Grundschule kam sie als Integrationskind auf eine Gesamtschule. Dank der vielseitigen und intensiven Förderung entwickelte sie sich so positiv, dass die Pflegeeltern und Lehrer in der neunten Klasse beschlossen, diesen Status aufzuheben. Kim machte dann den erweiterten Hauptschulabschluss und wechselte auf eine Schule für Sozialpädagogik in eine berufsvorbereitende Klasse für Erzieher. Sie schaffte den Realschulabschluss und die Ausbildung zur Erzieherin.

Kim hat eine ausgeprägte soziale Intelligenz entwickelt. Ihre Leidenschaft sind Tiere, insbesondere Pferde. Zum 18. Geburtstag hat sie ihren Lebenstraum wahr gemacht und sich ein eigenes Pferd angeschafft.
Heute ist Kim 23 Jahre alt und arbeitet in einem Kindergarten, sie kümmert sich dort besonders um „auffällige" Kinder.

Die leibliche Mutter besuchte Kim bis zu ihrem zweiten Lebensjahr unregelmäßig in der Pflegefamilie. Sie versuchte dann, Kim zurück zu bekommen, was ihr aber nicht gelang. Danach kam sie nicht mehr, bekam aber ein weiteres Kind.
Als Kim elf Jahre alt war, nahm sie innerhalb einer Therapie per Brief Kontakt zu der Mutter auf. Ein geplantes Treffen kam nie zustande und als die Mutter kurz danach in eine andere Stadt zog, war Kim so enttäuscht und (wieder) verletzt, dass sie sich bis heute weigert, zu ihrer Mutter Kontakt zu halten.

Über die Kurzpflegestelle hatte sie erfahren, dass sie einen 5 Jahre älteren Bruder hat, der zur Adoption freigegeben wurde. Sie versuchte, über die Adoptionsvermittlungsstelle Kontakt zu ihm herzustellen, aber der Junge wollte keinen Kontakt, weil er nicht an die Vergangenheit erinnert werden wollte.

Kim versuchte, ihren Vater ausfindig zu machen und rief ihn an. Er legte sofort auf.

Nachwort Paul

Überforderung junger Mütter

Die Überforderung meist sehr junger Mütter mit der Situation, plötzlich für ein Kind sorgen zu müssen, ist eine der Hauptursachen für die Weggabe / Wegnahme eines Kindes. Ständig wechselnde Bezugspersonen und Orte im Zusammenhang mit der Unzuverlässigkeit der Mutter haben so negative Auswirkungen auf das Kind,
dass es eine Bindungsstörung entwickeln kann.

Von Geburt an hat der Mensch ein biologisches Bedürfnis nach Bindung, d.h., nach einem starken emotionalen Band zu ganz bestimmten, also nicht austauschbaren, Personen. Ihre Nähe und Unterstützung wird immer dann gesucht, wenn zum Beispiel Angst, Trauer oder Krankheit in einem Ausmaß erlebt werden, das nicht mehr selbstständig reguliert werden kann.
In der Literatur zum Thema Bindung [10, 11, 12] wird beschrieben, dass das Kind Urvertrauen entwickeln kann, wenn

10) *z. B. „Eltern-Kind-Bindung; Kindheit bestimmt das Leben"
Deutsches Ärzteblatt Jg. 103 Heft 36 8. September 2006*

11) *„John Bowlby und die Bindungstheorie" von Jeremy Holmes*

12) *„Bindung und menschliche Entwicklung": John Bowlby, Mary Ainsworth und die Grundlagen der Bindungstheorie / u. a.*

die primäre Bezugsperson, traditionell die Mutter, feinfühlig und verlässlich mit den Wünschen des Kindes umgeht.
Viele Kinder mit Bindungsstörungen aber entwickeln ein so genanntes „Urmisstrauen“.
Des Weiteren gehen die Bindungsforscher davon aus, dass die ersten 18 Monate entscheiden, ob das Kind im späteren Leben Beziehungsfähigkeit erlangt. Die ungestörte Entwicklung des Kindes in den ersten Lebensjahren basiert auf feiner Wahrnehmung elterlichen Einfühlungsvermögens. Andauernde Bindungsdefizite dagegen stellen die Basis für psychopathologische* Schwierigkeiten beim Erwachsenen dar.
Ebenso geht man davon aus, dass frühkindlicher Stress, der durch negative Bindungserfahrungen hervorgerufen wird, im Gehirn dauerhaft ähnliche Schaltkreise wie körperlichen Schmerz aktiviert. Das Unbewusste vergisst nie.

Viele Pflege-, Adoptiv- und Heimkinder leiden unter einer Bindungsstörung, da die wenigsten in den ersten 18 Monaten liebevoll und/oder verlässlich betreut wurden.
Für diese Geschichte hatte ich einige Treffen mit der leiblichen Mutter, die mir von ihrer Vergangenheit erzählte.

* *Die Psychopathologie ist ein Teilbereich der Psychiatrie und beschäftigt sich mit den Formen eines krankhaft veränderten Gefühls- bzw. Seelenlebens.*

Diese Zusammenkünfte fielen ihr nicht immer leicht, da sie bis heute von Schuldgefühlen gegenüber Paul geplagt ist.
Als sie mir von ihrem kurzen Zusammenleben mit ihrem Sohn erzählte, erwähnte sie, dass er schon als kleines Kind oft vor sich hin „gebrummt“ habe. „Hum-Mel“ erschien mir daher der passende Elfenname.

Als Paul im Alter von 2,5 Jahren zu den Pflegeeltern kam, wirkte er schon distanziert und es war nicht immer leicht, mit ihm umzugehen. Er war intelligent und seine späteren schulischen Leistungen waren völlig normal - nur im Verhalten anderen Menschen gegenüber tat und tut er sich noch heute schwer.

Der Kontakt mit der leiblichen Mutter besteht noch immer. In Krisenzeiten, die seit Anfang der Pubertät von Paul bis heute anhalten, bemühen sich Pflegeeltern und Mutter zusammenzuarbeiten.

Paul ist heute 22 Jahre alt. Er hat nach dem Realschulabschluss versucht, verschiedene schulische Ausbildungen zu beginnen, musste diese aber wegen hoher Fehlzeiten und Mangels an innerer Struktur immer wieder abbrechen.

Eine therapeutische Begleitung verweigerte er bisher. Er verliert sich in Beziehungen, die ihm nicht gut tun.

Die Pflegeeltern wünschen sich manchmal eine kleine Elfe wie Hum-Mel als Unterstützung, damit er seinen positiven Weg im Leben finden kann.

Nachwort Luise

Tod eines oder beider Elternteile

Der Tod eines oder beider Elternteile kommt bei Pflege-, Adoptiv- oder Heimkindern nicht so oft vor wie angenommen wird. Bei den Vorbereitungskursen für angehende Adoptiveltern wird auf die Frage an die Teilnehmer, warum ein Kind zum Adoptivkind werden kann, dies oftmals als Grund angegeben.

Richtiger ist, dass Kinder aus intakten Familien auch im Todesfall der Eltern in der Familie leben bleiben können. Diese Kinder leben dann oft in „Verwandtenpflege".

Wenn aber die soziale Familiensituation schon grundsätzlich sehr schwierig ist, wird das Kind zu dem Schock, den es durch den Tod der Eltern erlitten hat, auch noch mit der Tatsache konfrontiert, zu fremden Leuten oder in ein Heim zu kommen. Dieses zusätzliche traumatische Erlebnis erfordert viel Feinfühligkeit von den neuen Erziehungsberechtigten, damit sie die Trauer des Kindes erkennen und auch zulassen können.

Das Interview fand mit Luise und der Pflegemutter statt, beide erinnerten sich an die Zeit und erzählten abwechselnd, was sie wussten.
Luise ist etwas rundlich und hat rötliche Haare. Daher fiel mir sofort der Marienkäfer als Elfe ein und Luise fand die Idee auch witzig.

Zum Zeitpunkt des Interviews war Luise 16 Jahre alt. Beim Erzählen der Pflegemutter merkte ich, wie bei Luise die Erinnerungen hochkamen und sie förmlich „überfielen". Vieles hörte sie auch zum ersten Mal ganz bewusst, spontan kletterte sie auf den Schoß der Pflegemutter.
Einige Wochen später konnte Luise plötzlich nicht mehr laufen, sie knickte in den Knien ein, sie hatte sprichwörtlich „weiche Knie" bekommen. Im Krankenhaus fand man keinen medizinischen Grund, sie kam auf die psychosomatische Station.
Als ich sie dort besuchte, zeigte sie mir das Bild ihrer Mutter, das im Nachtschränkchen lag und den Igel, den sie als Kind von ihr bekommen hatte.
Einige Wochen später, nach vielen therapeutischen Gesprächen, wurde sie wieder entlassen und konnte auch wieder ganz normal laufen.

Luise ist heute 18 Jahre alt und beendet demnächst das freiwillige ökologische Jahr auf einem Bio-Bauernhof mit vielen Tieren.
Sie möchte gerne einen Beruf erlernen, bei dem sie sich um Menschen oder Tiere kümmern kann, die Hilfe benötigen. Nach dem ökologischen Jahr fängt sie eine Ausbildung zur Sozialassistentin in einer Schule für soziale Berufe an.

Seit einiger Zeit hat sie wieder unregelmäßigen Kontakt zu ihrem Vater und auch zur Großmutter (Mutter des Vaters).
Sie hat es geschafft, zu ihrer Pflegemutter eine tiefe Beziehung aufzubauen, die selbst in der sehr anstrengenden Zeit während der Pubertät nie in Frage gestellt wurde.

Nachwort George

Misshandlung und Gewalt

Misshandlung und Gewalt wie auch sexuellen Missbrauch erleben viele Kinder in ihren Familien, bevor diese Tatsachen im günstigen Fall entdeckt werden und die öffentlichen Stellen handeln können.
George erlebte als kleines Kind „am Rande“ den sexuellen Missbrauch seines Bruders Felix durch den Vater. Er war noch zu klein um zu verstehen, worum es ging, aber er erlebte mittelbar die Gefühle von Panik, großer Angst und Scham, die damit einhergingen.
Die Mutter, selbst als Kind von ihrem Vater jahrelang missbraucht (sie fühlte sich zum ersten Mal in ihrem Leben mit 16 Jahren im Gefängnis sicher, weil dort abends die Tür abgeschlossen wurde), hatte zu den beiden Jungen keine Beziehung. Sie kümmerte sich aber um ihre Tochter Sabrina und setzte sich auch später dafür ein, dass Sabrina bei ihr bleiben konnte.

Immer in der Opferrolle suchte sie sich gewalttätige Partner. George wurde von ihrem letzten Partner, den sie als „Kumpel“ bezeichnete, geschlagen und misshandelt, weil er ihm das Schreien abgewöhnen wollte. Die Mutter sagte später, dass sie weder vom Missbrauch von Felix noch von der Misshandlung von George gewusst habe.

Die Pflegeeltern erzählten bei dem Interview mit mir, dass George als Kind sehr interessiert an allen Tieren - ob groß oder klein – gewesen sei und ein großes Vergnügen dabei gehabt habe, auf einer Wiese Grashüpfer zu fangen. Da ich ihn selbst auch als „hibbelig“ und sehr sprunghaft erlebt habe, ist Gras-Hüpf die richtige Elfe für ihn geworden. Er hatte bei dem Interview nicht dabei sein wollen, fand aber die Geschichte hinterher „richtig gut“.

George ist jetzt 19 Jahre alt und beendet sein freiwilliges ökologisches Jahr im Zoo. Durch eine ausgeprägte Lese-Rechtschreib- und Mathematikschwäche war es schwer, eine geeignete Schule für ihn zu finden. Er war einige Jahre in einem besonderen Schulprojekt untergebracht, ging dann aber auf eine Hauptschule und machte dort seinen Abschluss. George hat eine überdurchschnittliche emotionale Intelligenz entwickelt, kümmert sich um andere Jugendliche und möchte am liebsten „was mit Tieren“ machen. Zur Zeit versuchen die Pflegeeltern für ihn eine theoriereduzierte Ausbildung auf einem Pferdehof zu organisieren.

Durch einen Such-Aufruf im Internet von seiner Schwester Sabrina nahm er vor einiger Zeit Kontakt zu ihr auf. Sie ist jetzt 22 Jahre alt und hat zwei kleine Kinder. Sie ist mit 14 Jahren „von zu Hause abgehauen“ und beklagte sich bei George, dass sie bei der Mutter habe bleiben müssen, wohingegen er das Glück gehabt habe, bei Pflegeeltern groß zu werden.
Felix, der ältere Bruder, lehnt jeglichen Kontakt zu den Geschwistern und zur Mutter ab, er verbrachte seine Kindheit und Jugend in einem therapeutischen Heim.

Nachwort Hannah

Drogen

Sämtliche Arten von Drogenmissbrauch, zu dem natürlich auch Alkohol- und starker Nikotingenuss zählt, haben in der Regel verheerende Folgen auf das ungeborene Kind. Nicht selten werden sie viel zu früh geboren oder müssen nach der Geburt einen Drogenentzug mitmachen. Die meist sehr jungen Mütter, die schon früh mit dem Drogenkonsum angefangen haben, sind nicht in der Lage, von den Drogen zu lassen, auch wenn sie ein Kind bekommen. Daher sind sie nicht fähig, sich um das Kind zu kümmern. Oftmals überlassen sie es seinem Schicksal und ergreifen die Flucht. Die Sucht hat den wichtigeren Stellenwert in ihrem Leben.

Hannah war und ist ein sehr zartes Kind. Wegen des Drogenmissbrauchs der Mutter wurde sie zu früh geboren und hatte daher sehr viel nachzuholen. Erst mit zwei Jahren fing sie an zu laufen und erst mit drei Jahren begann sie zu sprechen. Diese Entwicklungsverzögerung haben die Pflegeeltern durch Frühförderung und Logopädie versucht auszugleichen. Hannah machte auch enorme Fortschritte, doch wird sie – sie ist jetzt 7 Jahre alt – trotzdem mit der Diagnose „Lernbehinderung/grenzwertig zur geistigen Behinderung“ als Integrationskind eingeschult.

Das Zarte und Leichte an ihr – manchmal wirkt sie wie noch nicht auf dieser Welt angekommen – ließen mich sofort an eine Libelle denken und so wurde „Li-Bell“ die passende Elfe für Hannah. Die Pflegeeltern lernte ich in einem meiner Grundkurse für Pflegeelternbewerber kennen. Zu diesem Zeitpunkt lebte Hannah erst kurze Zeit bei ihnen. Da es durchaus noch nicht immer selbstverständlich ist, dass gleichgeschlechtliche Paare Pflegekinder aufnehmen können, freute es mich, dass der ganze Kurs mit insgesamt 10 Paaren so positiv auf Malte und Micha reagierten.

Hannahs Mutter Yvonne lebt seit einigen Jahren in einer anderen Stadt und hat keinen Kontakt mehr zu ihrer Tochter.

Danksagung

Um dieses Buch überhaupt herausbringen zu können, musste ich etliche Stolpersteine überwinden. Trotzdem war es mir immer ein Bedürfnis, diese Geschichten zu veröffentlichen. Nur mit Hilfe von vielen Freunden und Unterstützern ist es nun endlich da!
Weil mir das so viel Kraft bei der Umsetzung gegeben hat, möchte ich hier alle namentlich nennen und hoffe, dass ich niemanden vergessen habe.

Mein Dank geht an:

Die Pflegekinder *und deren* Pflegeeltern, *die mir ihre Geschichte zur Verfügung gestellt haben.*

Simone, *die so offen über ihre schmerzliche Vergangenheit mit mir geredet hat.*

Meine Freundinnen Cornelia, Rieke *und* Bine *aus der Walking-Gruppe und* Cordula, *die die Geschichten aus beruflicher Sicht überarbeitet haben.*

Die Pflegemütter-Wandergruppe, *die mich immer wieder aufgebaut hat.*

Horst, *der es mit seiner großzügigen Spende ermöglicht hat, dass zu geringe Budget der Verlage zu kompensieren.*

Die Stiftung zum Wohl des Pflegekindes, *die mich auch finanziell unterstützt hat.*

Petra Krummacker, *für die die Illustration dieses Buches eine große Herausforderung war, die ihr meisterlich gelungen ist.*

Matti, *meinen lieben Kollegen, der sich um das Layout und das Design gekümmert hat und* Anke, *deren Einsatz mir sehr viel Hoffnung gemacht hat.*

Karla Schmidt, *Lektorin, die meine Schreibblockade mit wunderlicher Hand aufgelöst hat.*

Uwe, *der immer an mich glaubt, egal was ich mache.*

Meiner Mama Herta, *durch deren Kindheitserlebnisse mein Wunsch nach der Aufnahme der Kinder in unsere Familie ausgelöst wurde.*

Meine beiden Pflegekinder, *die unterschiedlicher nicht sein können und die ich trotzdem sehr lieb habe.*

Vita Autorin

Monika Wiedemann-Kaiser
Jahrgang 1950, von Beruf Erzieherin, hat vor 23 Jahren mit ihrem Mann erst ein, 4 Jahre später ein zweites Pflegekind bei sich aufgenommen.

Sie hat mehrere Jahre ehrenamtlich im Vorstand vom Verein „Arbeitskreis zur Förderung von Pflegekindern" in Berlin gearbeitet, sich dann als Fortbildnerin weitergebildet und im Jahr 2001 die PfliZ gGmbH (Pflege- und Adoptivfamilien im Zentrum, gemeinnützige GmbH) mitgegründet. Ihre Tätigkeit dort war die Seminarleitung und Beratung für Pflege- und Adoptiveltern.
Auch die Überprüfung von Pflegefamilien und Vermittlung von Pflegekindern gehörte zeitweilig zu ihren Aufgaben.
Mit der Zeit wurde der Wunsch immer stärker, die Geschichten der Pflegekinder, mit denen sie zusammengelebt und gearbeitet hat, aufzuschreiben, um damit anderen Kindern Mut zu machen und ihnen Kraft zu geben, ihre eigene Geschichte zu verarbeiten.

Vita Illustratorin

Petra Krummacker

Jahrgang 1963, lebt mit ihrer Familie in Rosdorf bei Göttingen. Die Malerei war schon immer ihr Hobby, im Jahr 2000 begann sie in der Gruppe Spektrum 4 bei Hildegard Furtwängler (Göttingen / Bösinghausen) Privatunterricht in den Grundlagen des Zeichnens und des Malens zu nehmen. Seit dieser Zeit vertieft sie stetig ihre Kenntnisse und hat sich auf die Technik der fließenden Farben des Aquarells spezialisiert. Themen sind meist Menschen und alltägliche Dinge des Lebens. Ihre Bilder werden in Einzel- und Gruppenausstellungen und auf Kunstmärkten ausgestellt.

Während eines Besuchs der „La Werra – Frauenkunst an der Werra" in einem Rittergut in Kleivach (Bad Sooden-Allendorf) im Jahr 2009 wurde die Autorin auf die Bilder aufmerksam. So begann die Künstlerin mit ihrer ersten Buchillustration für „Die Himmelsrutsche".